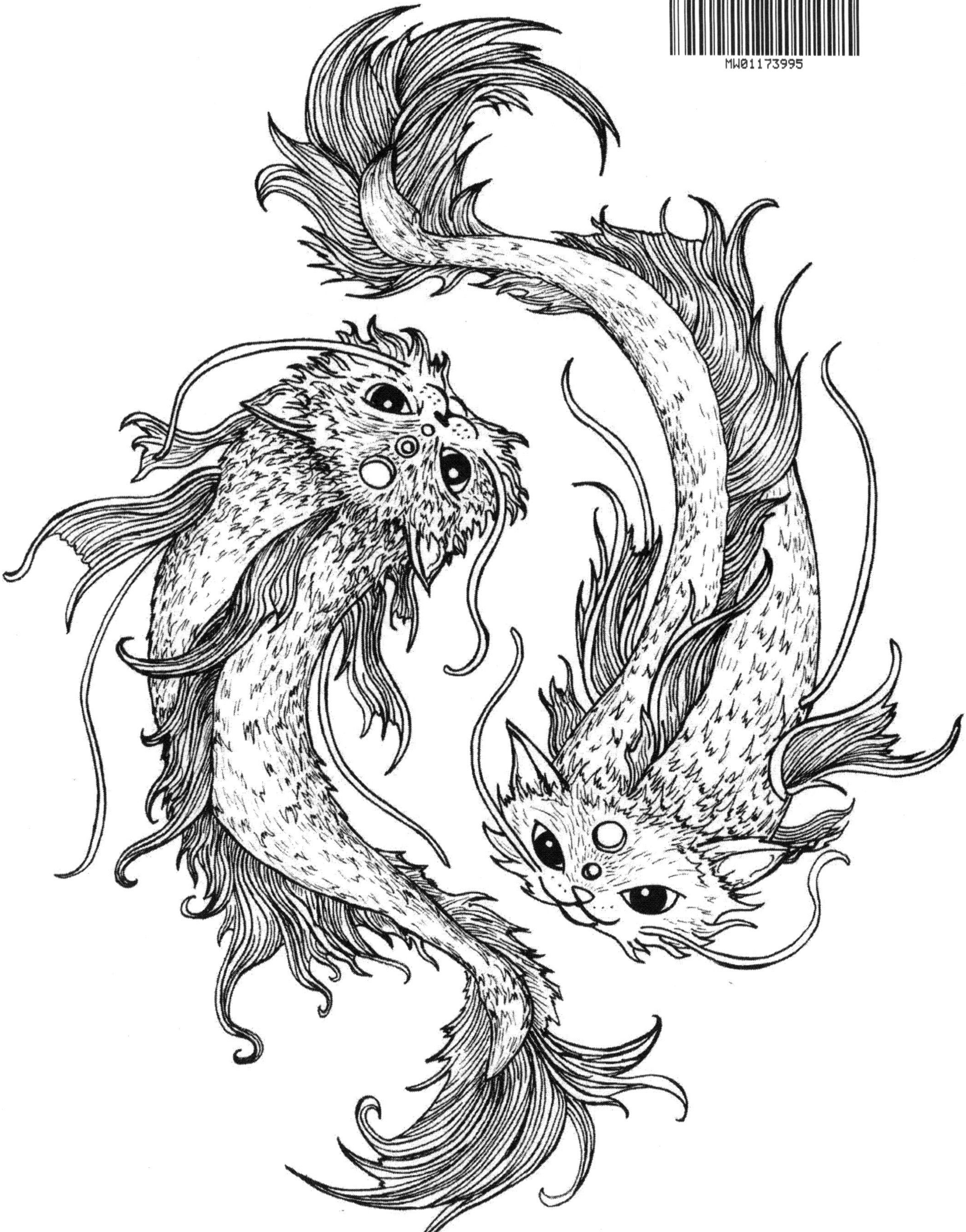

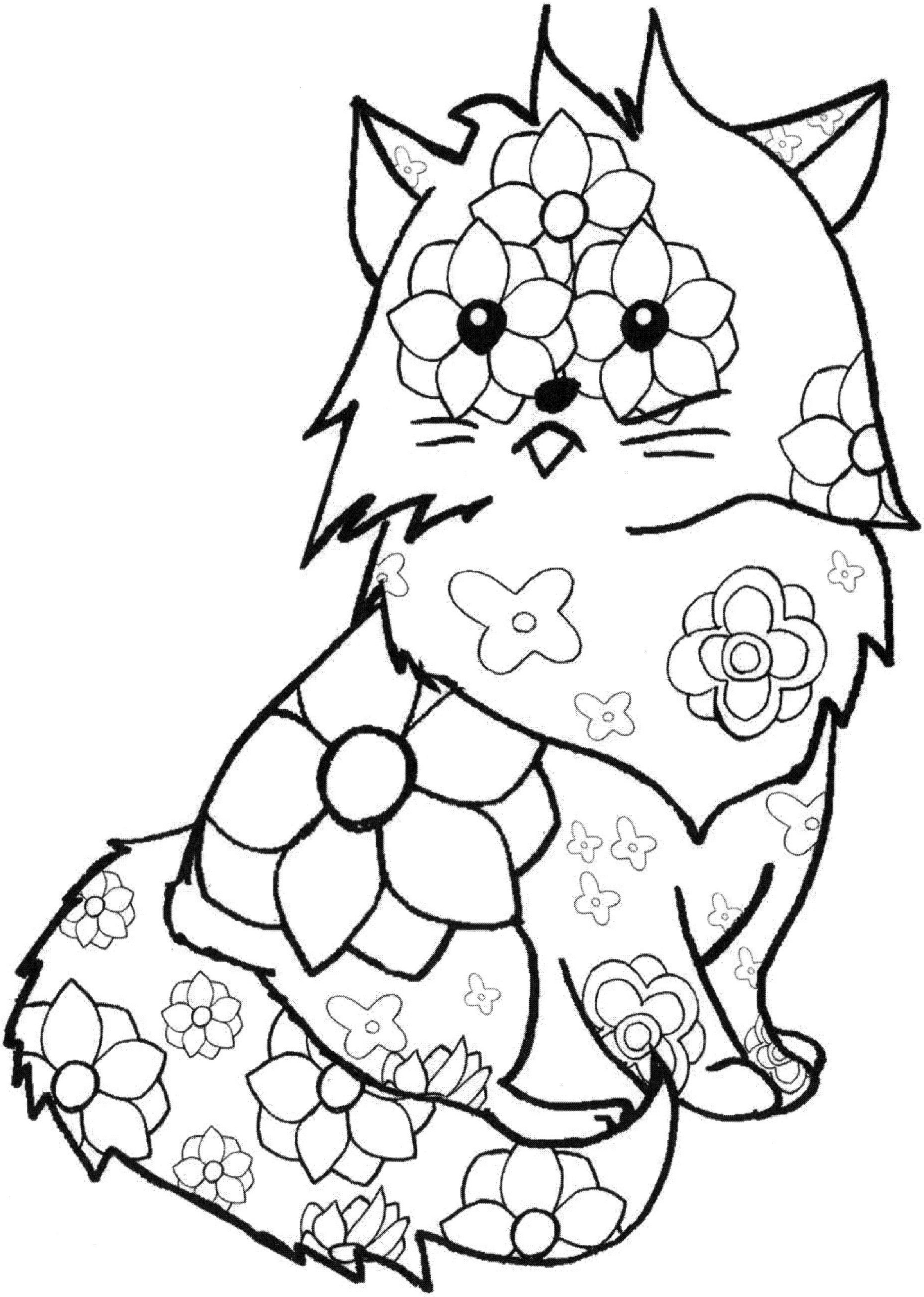

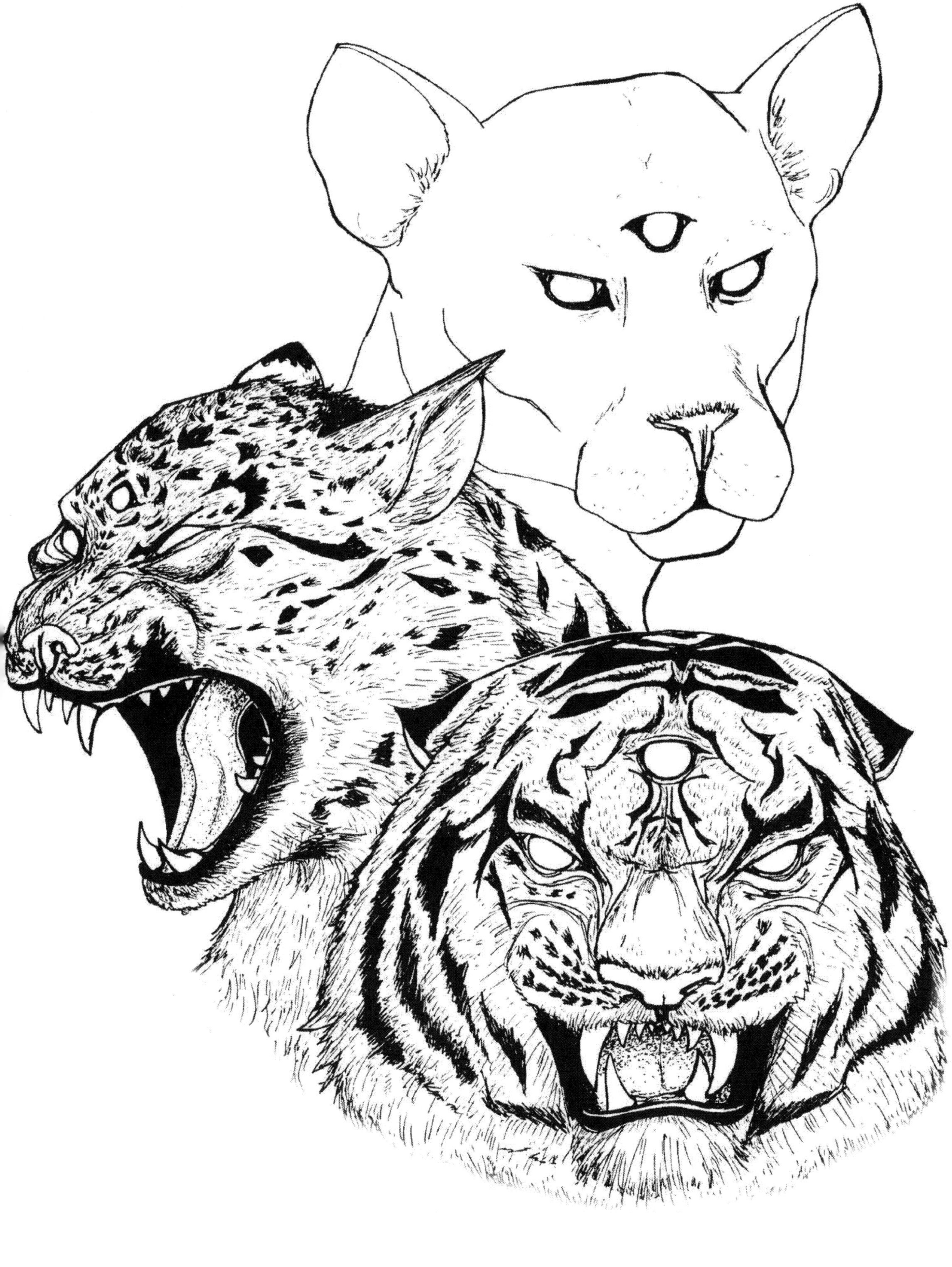

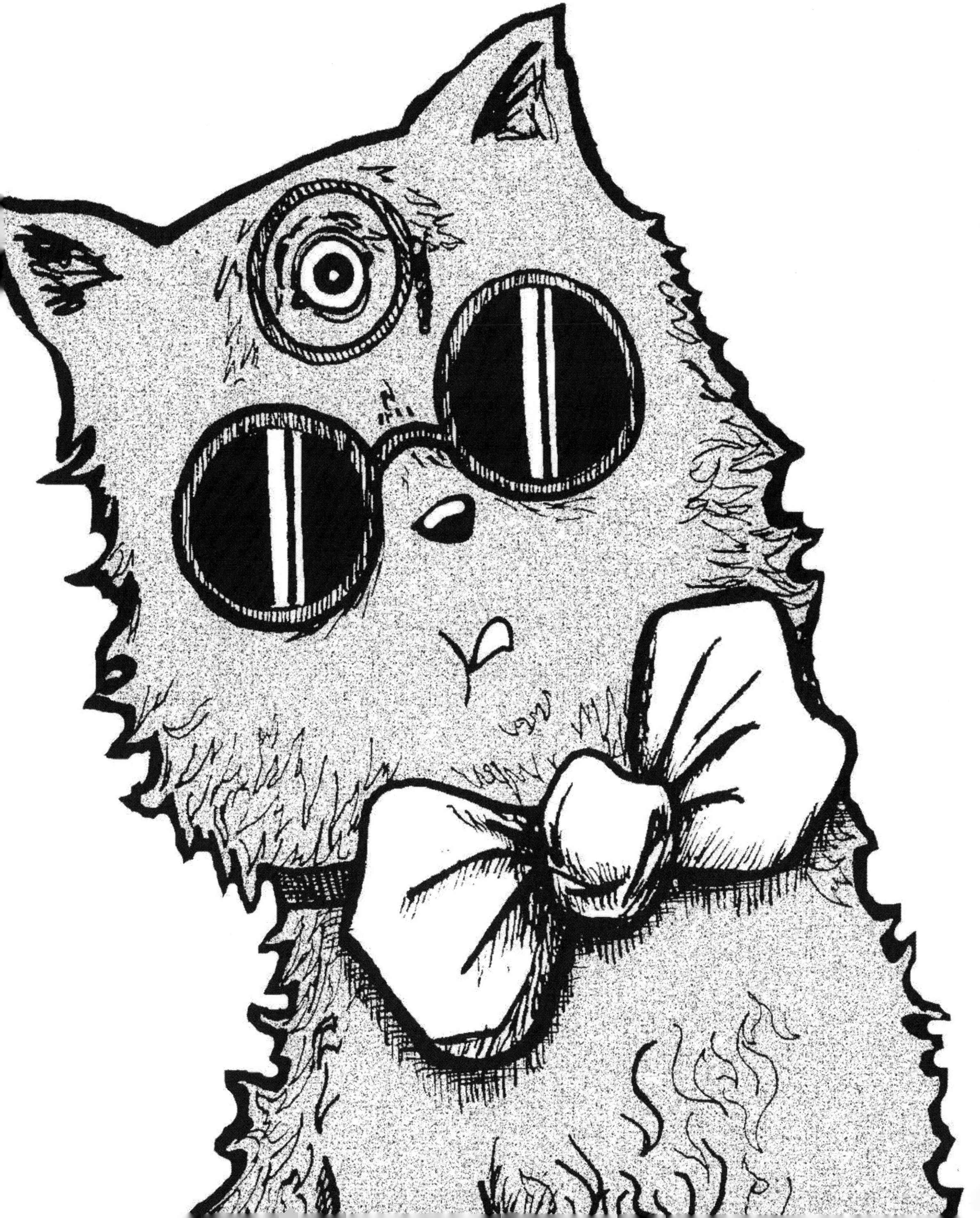

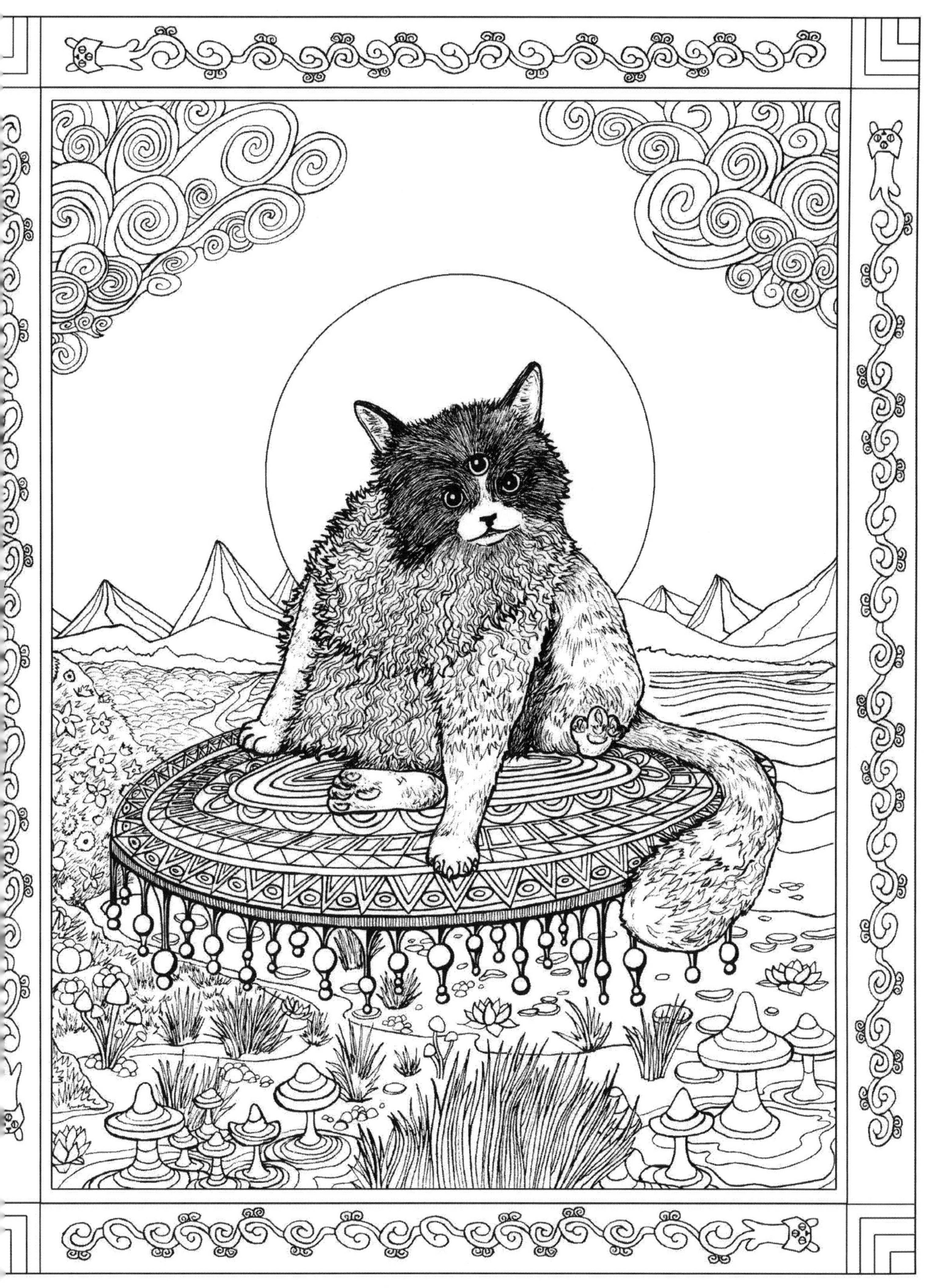

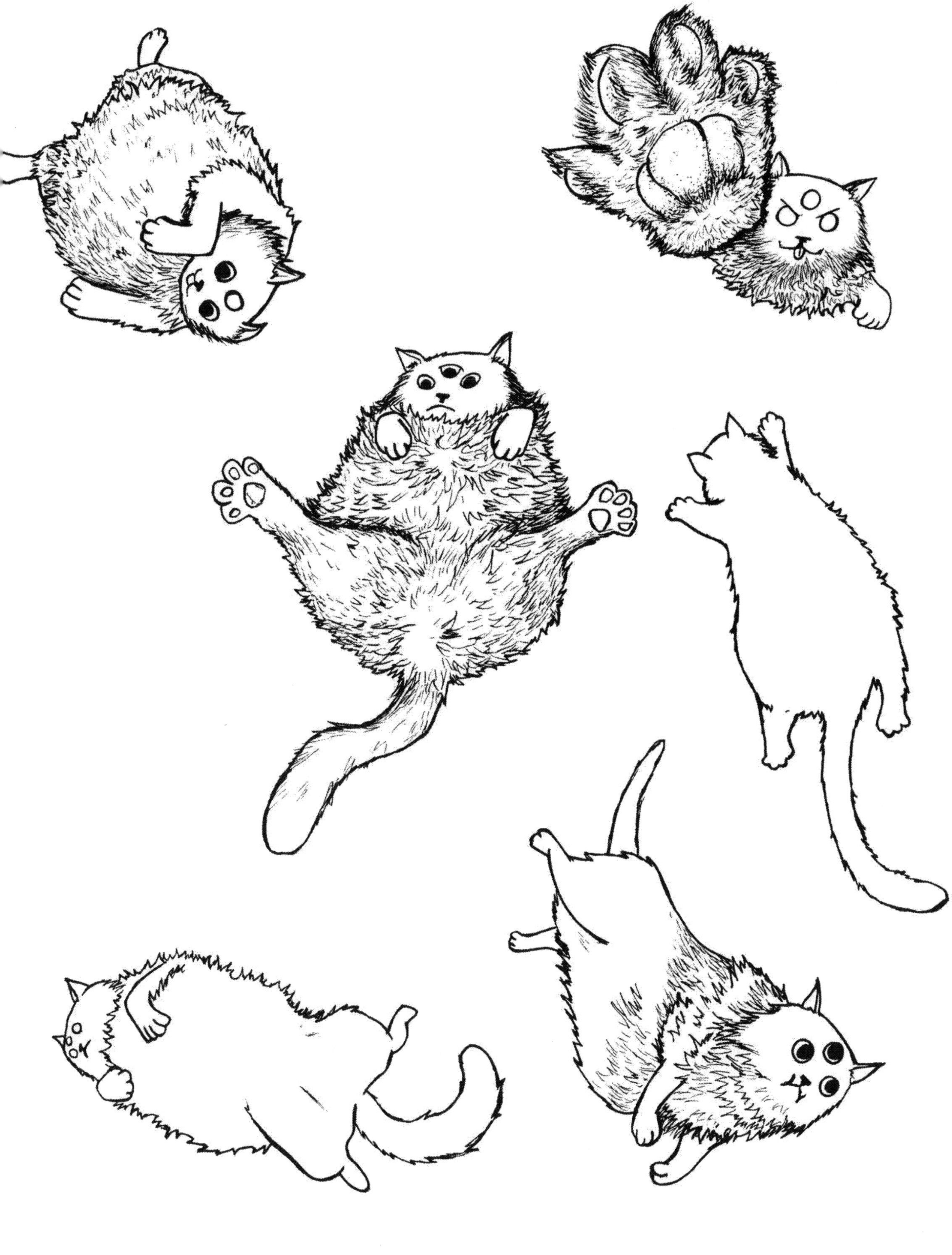

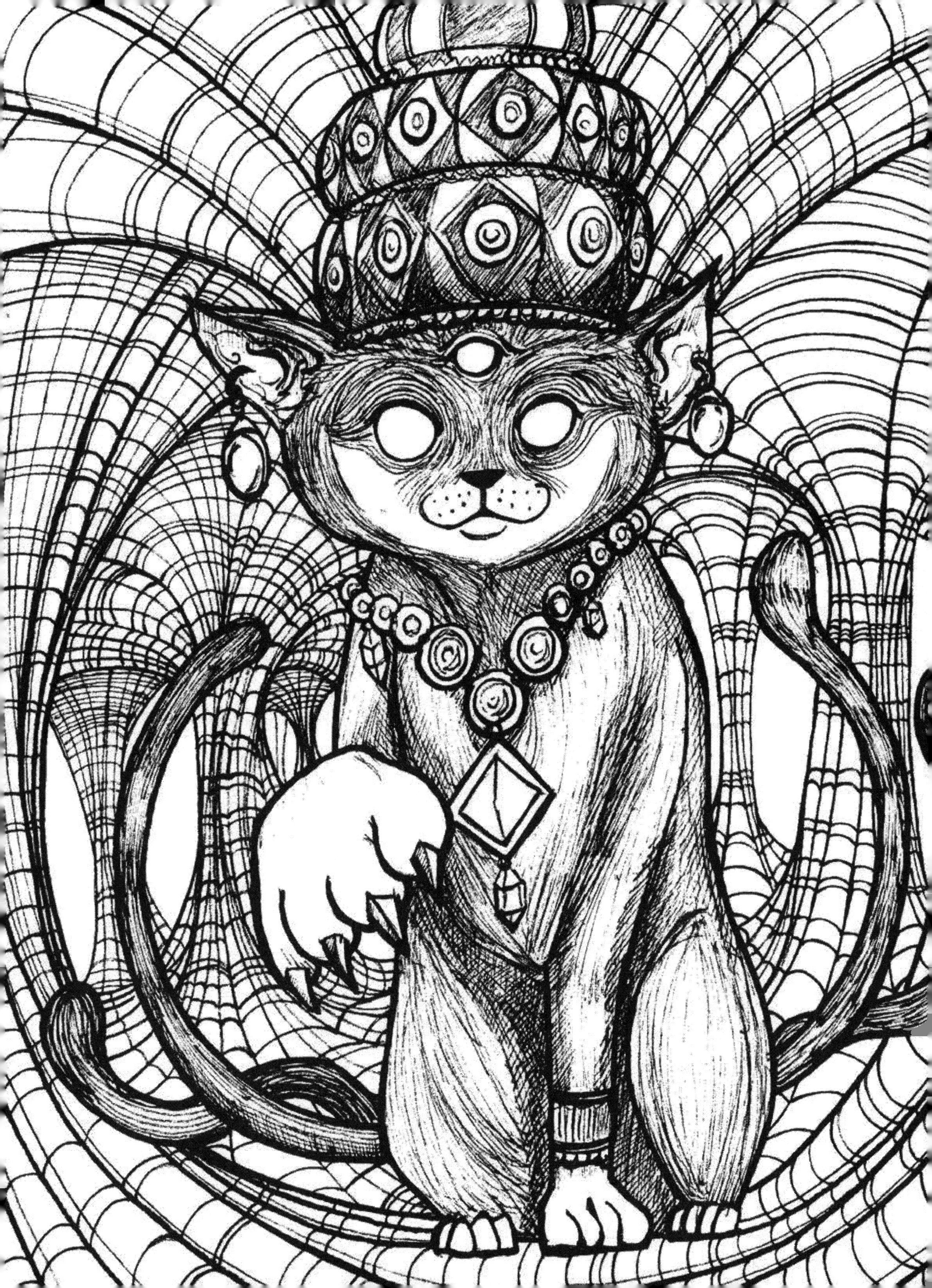

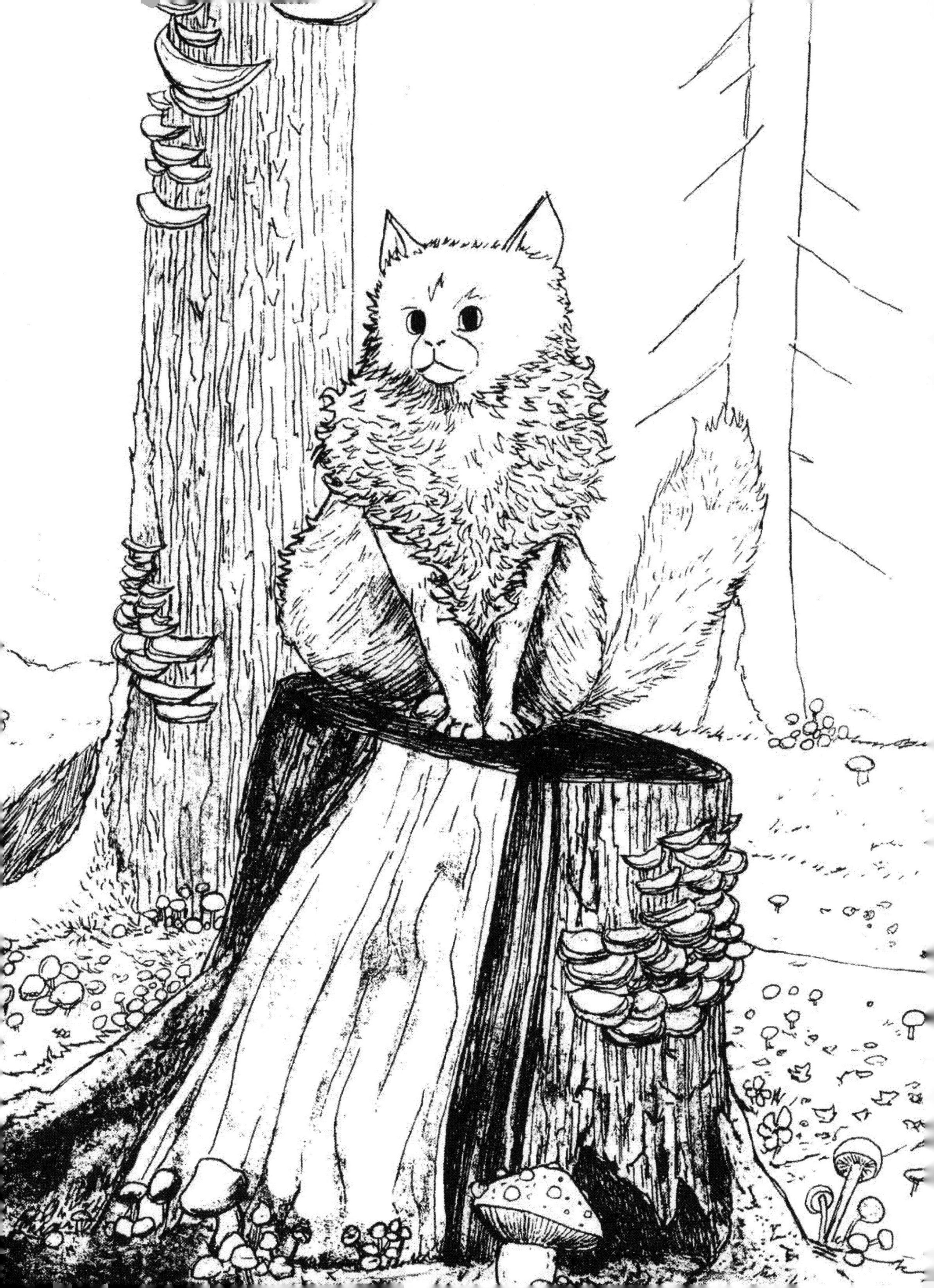

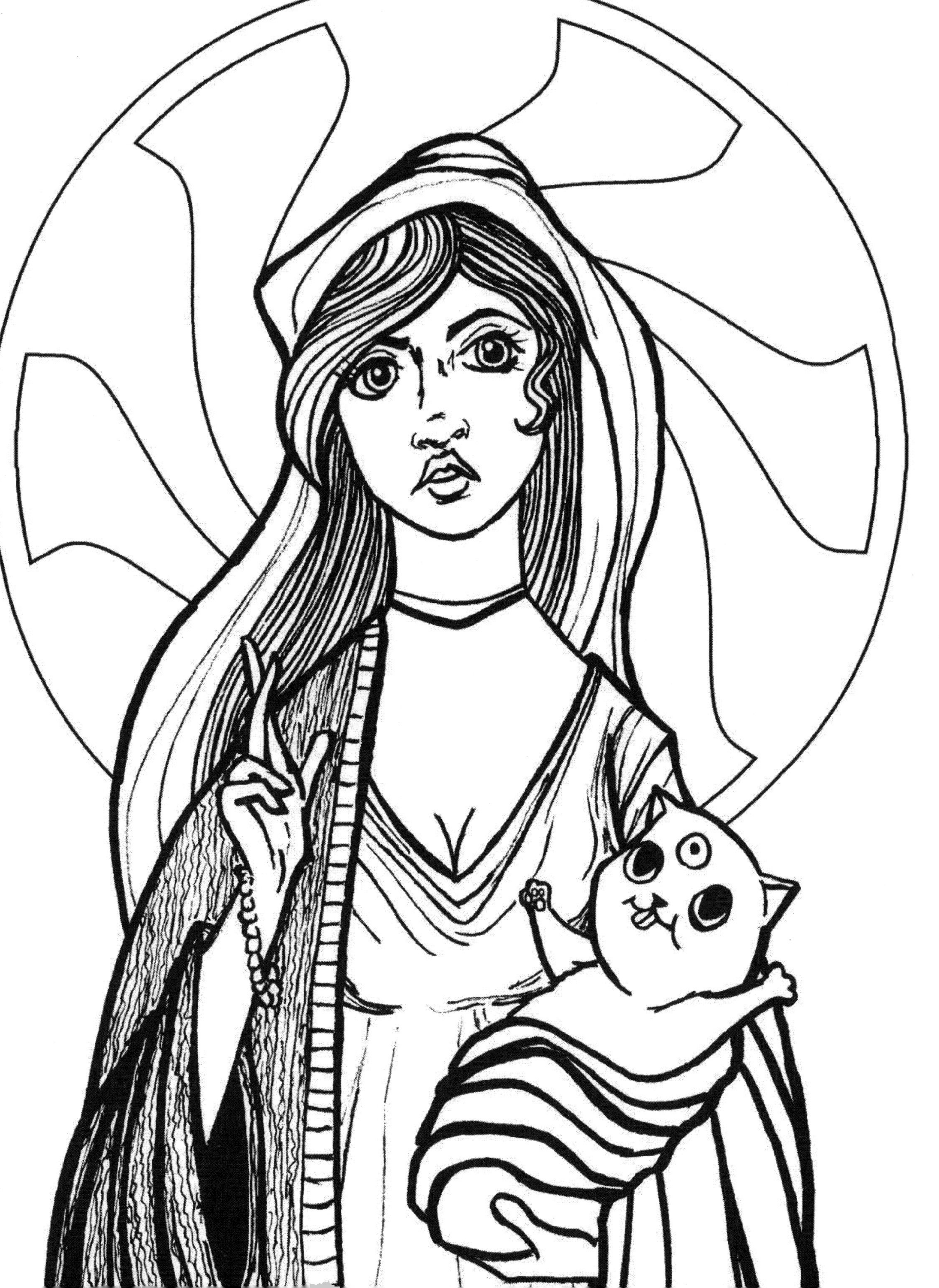

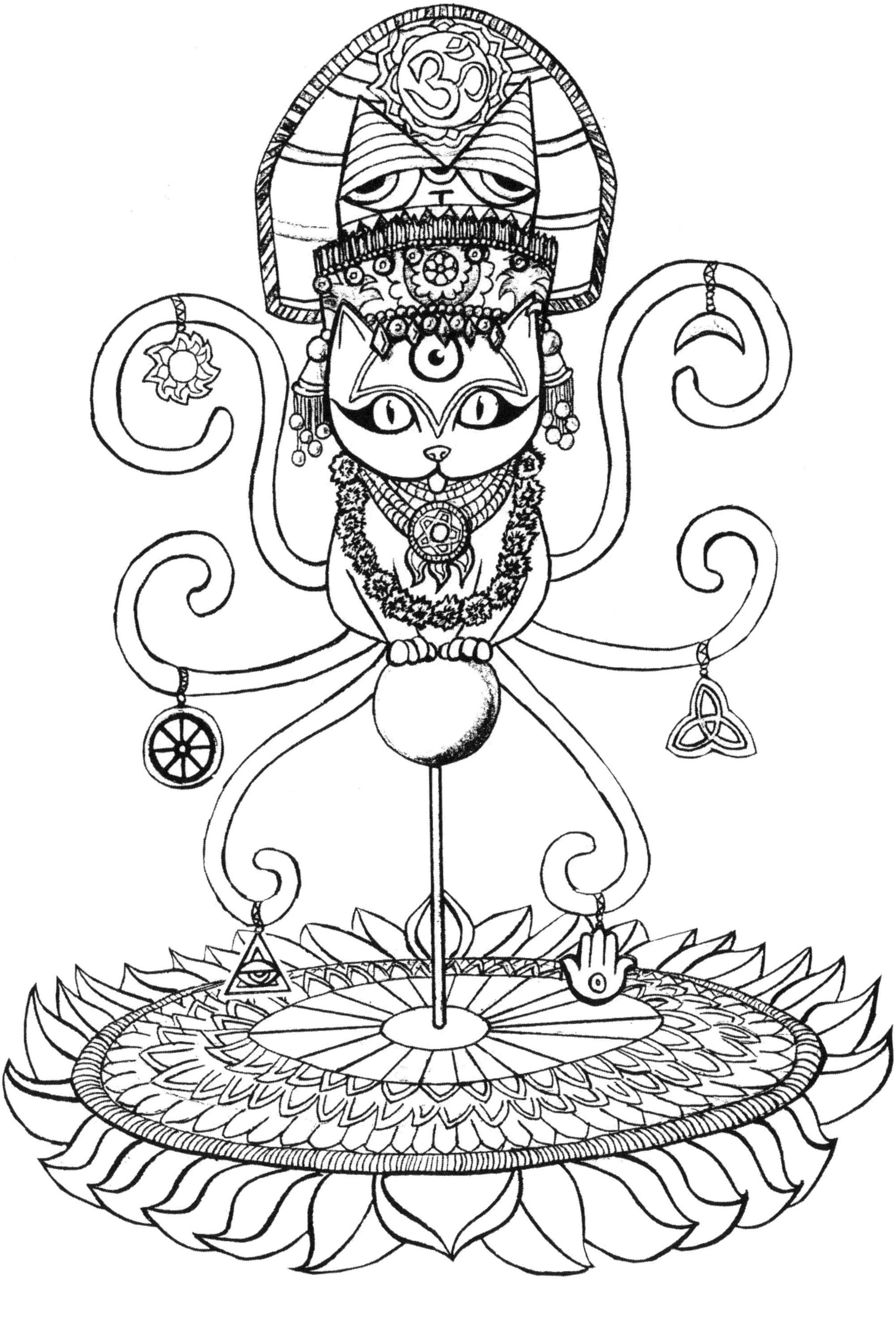

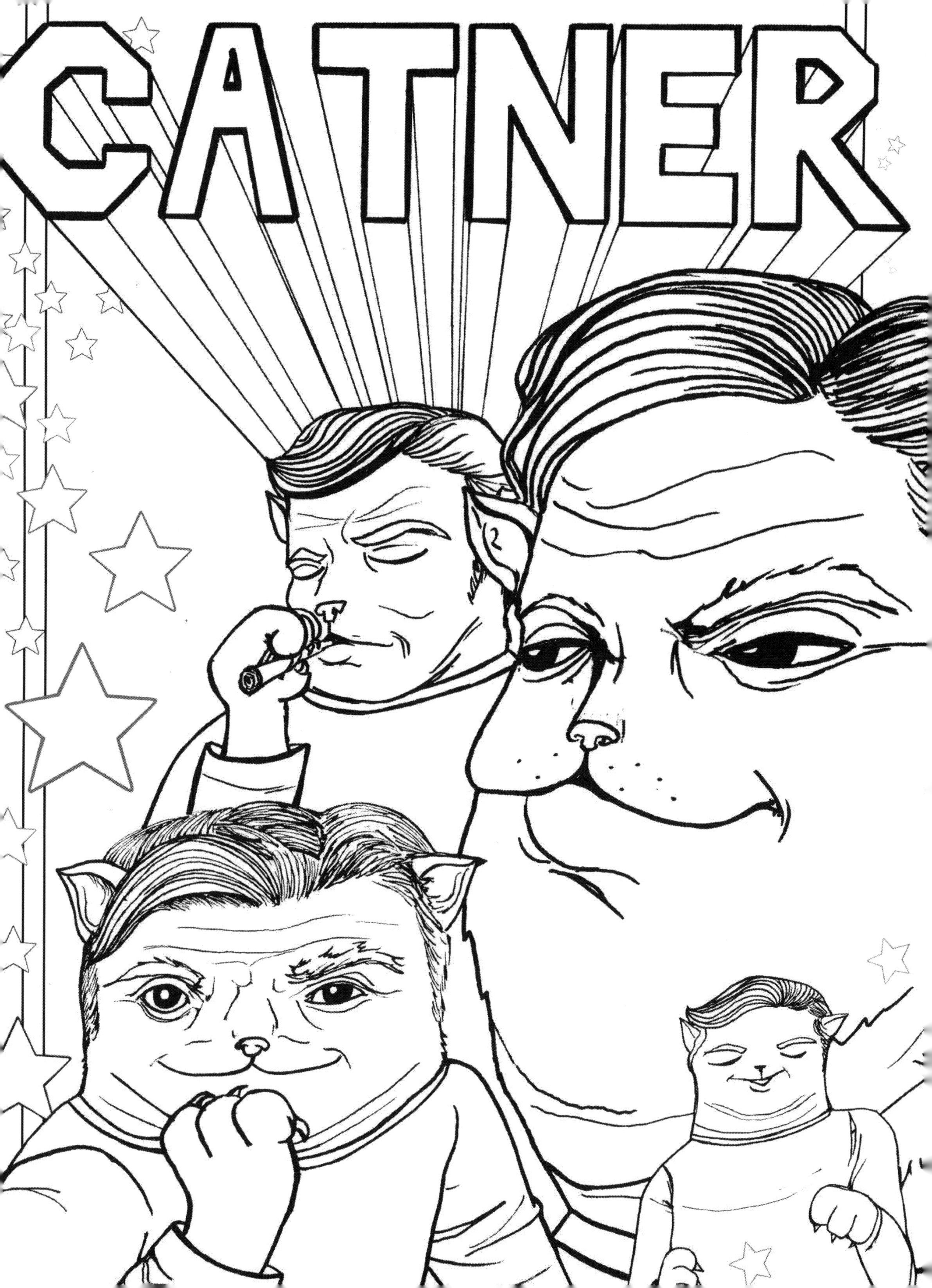
CATNER

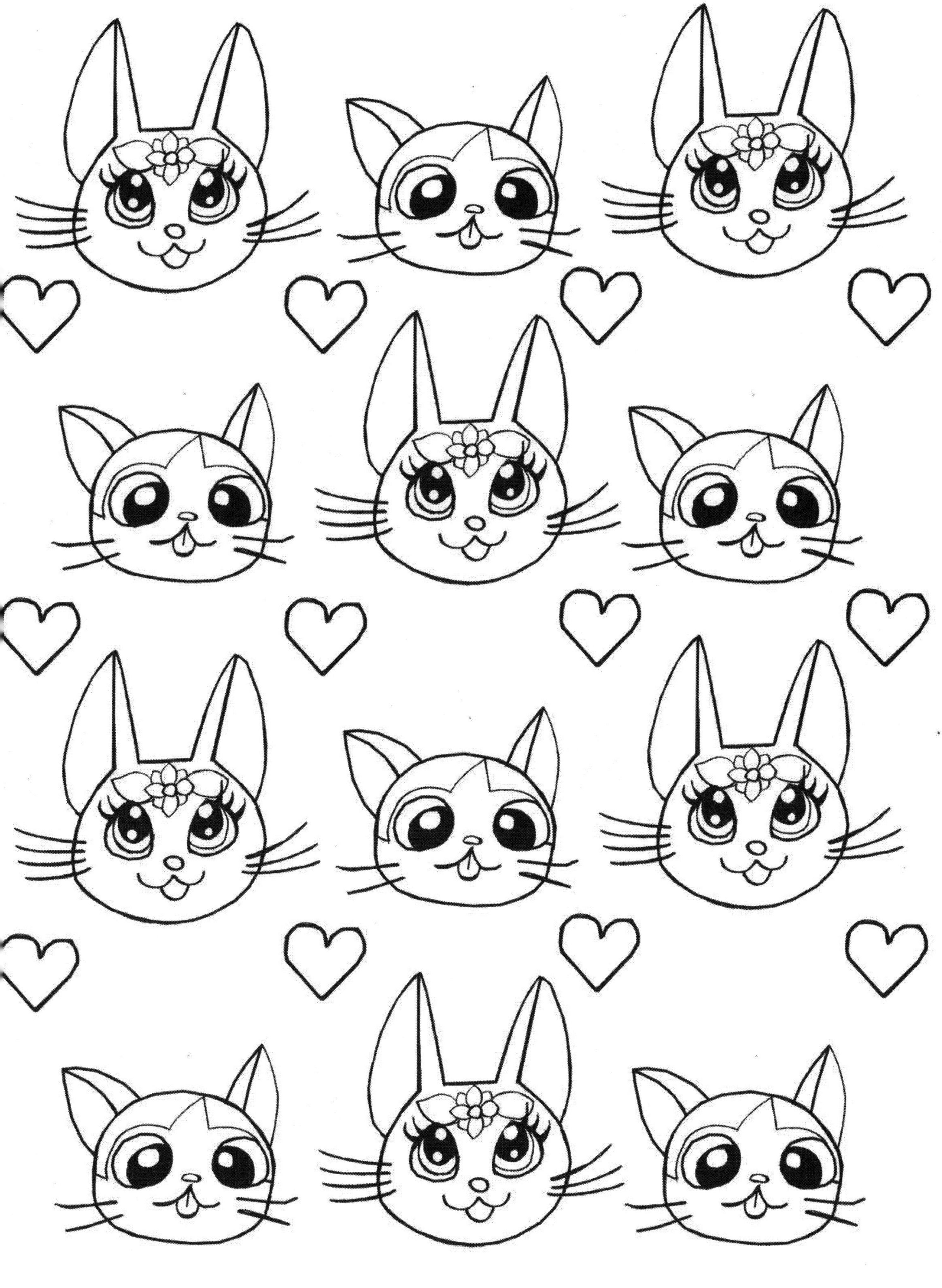

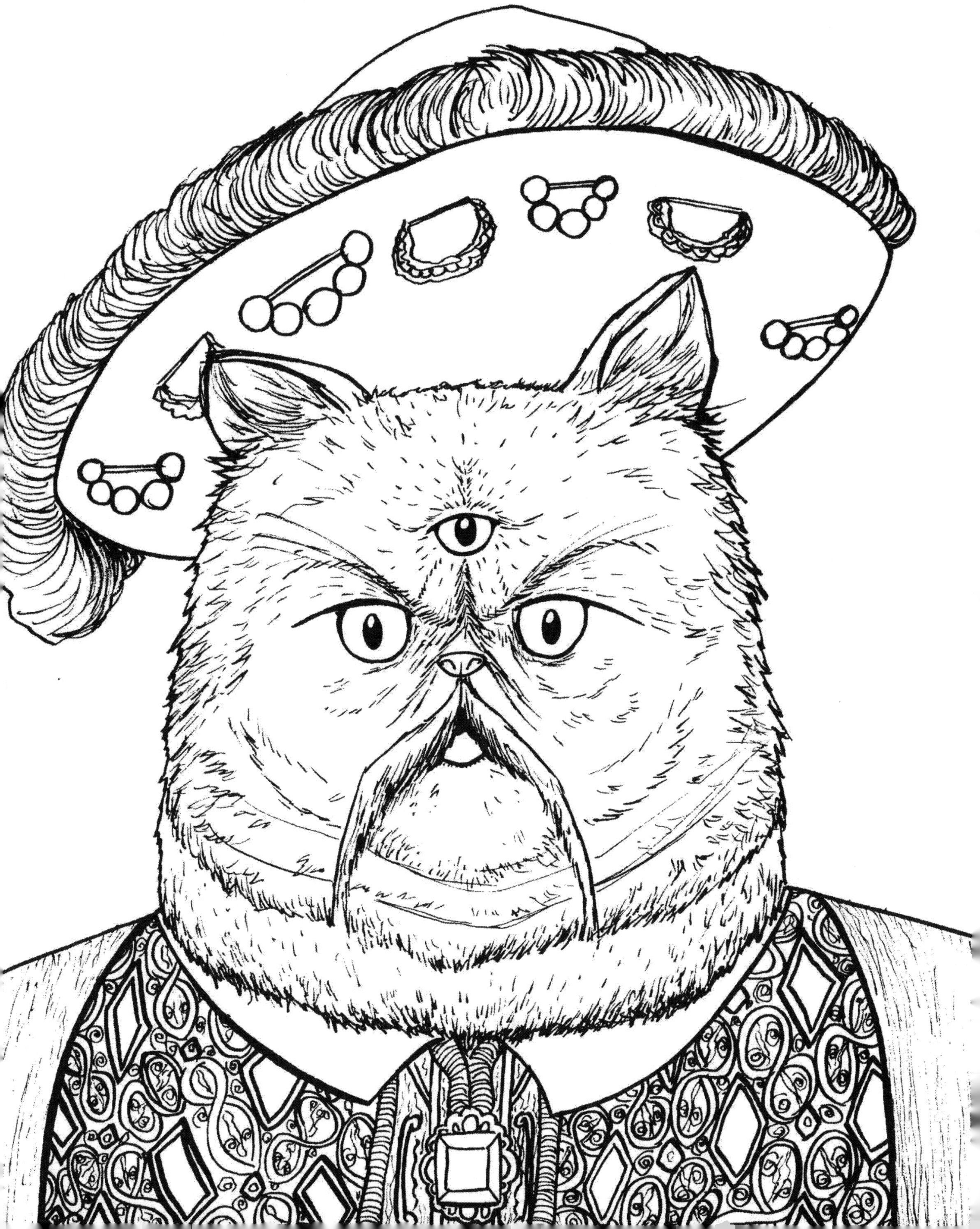

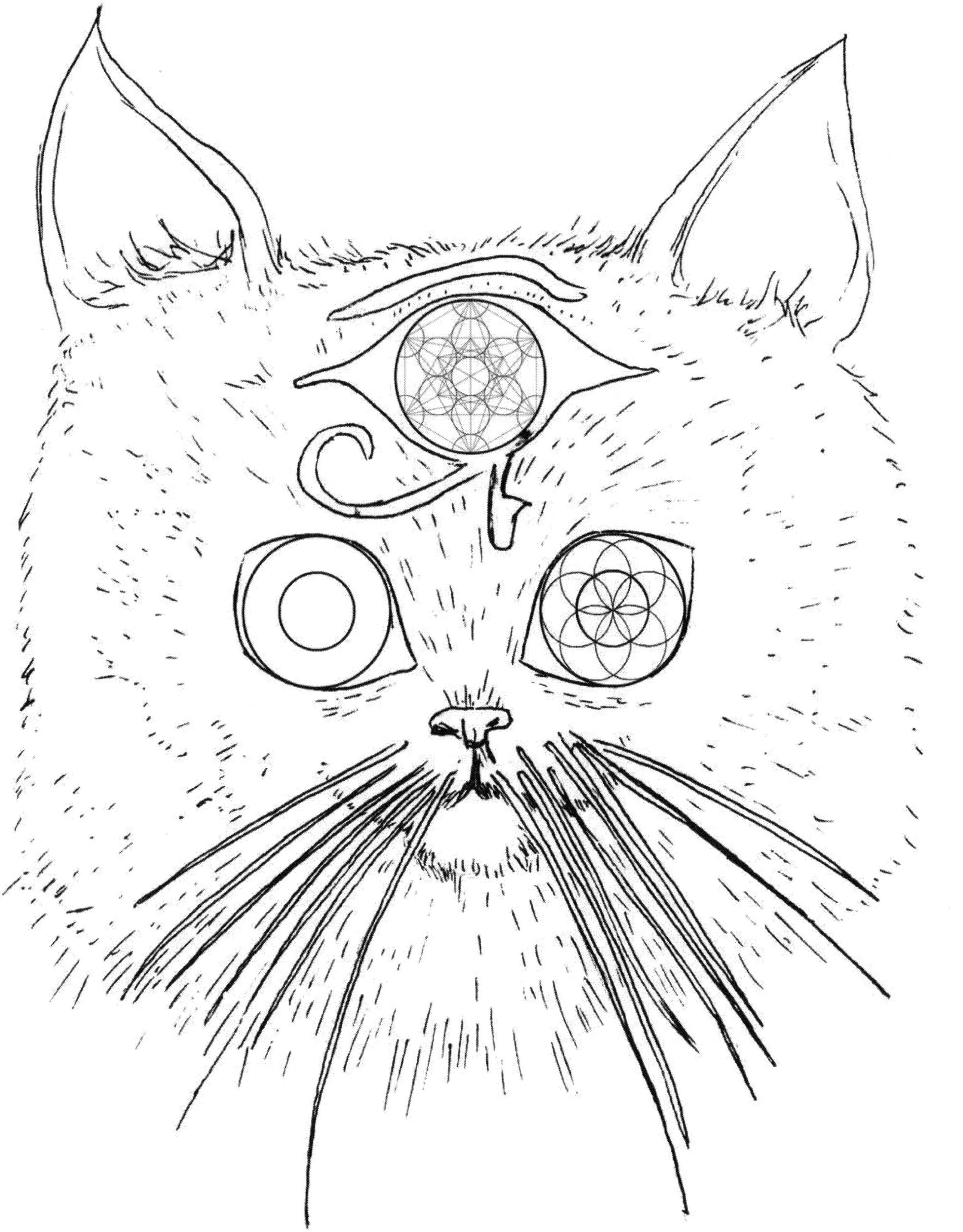

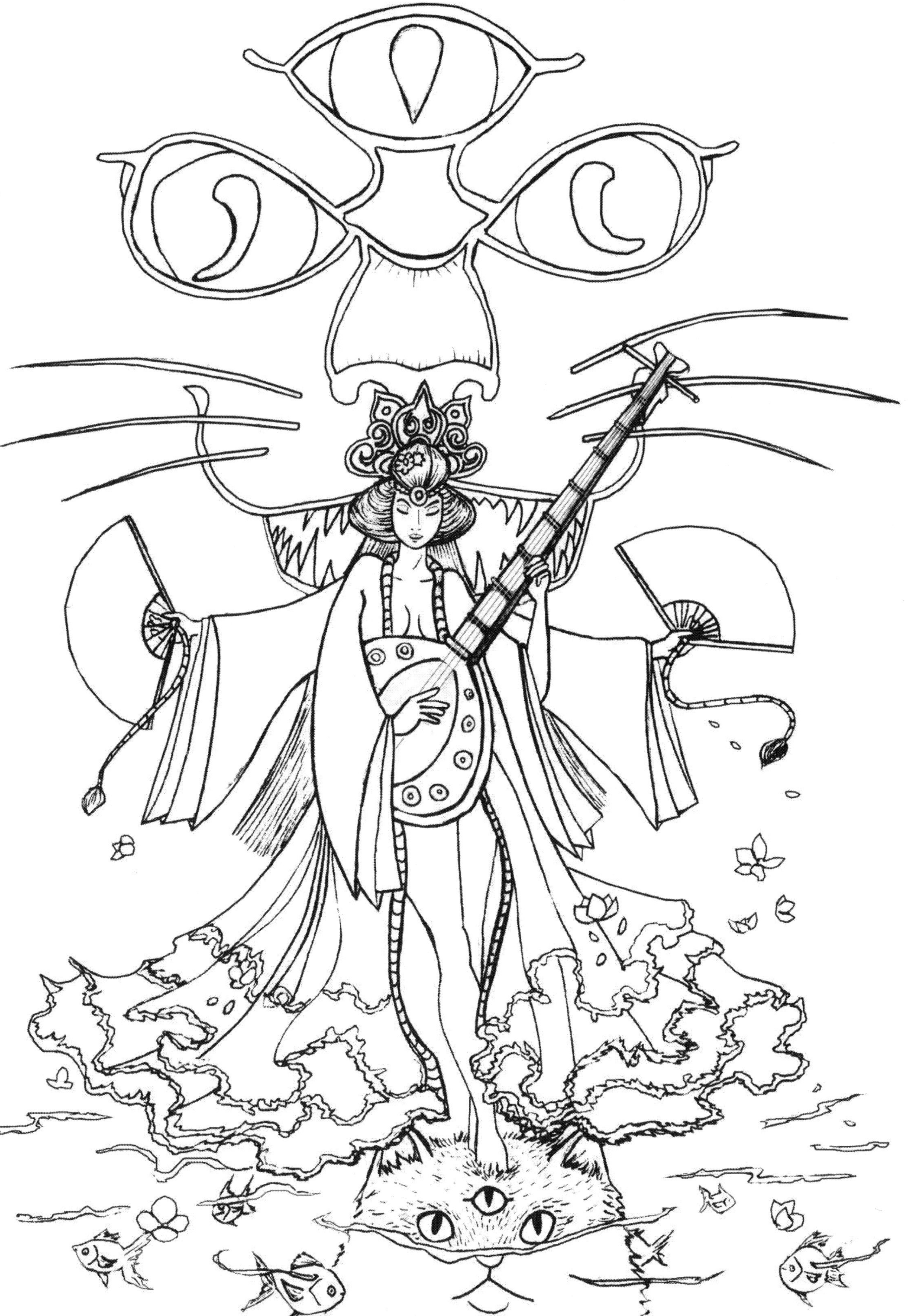

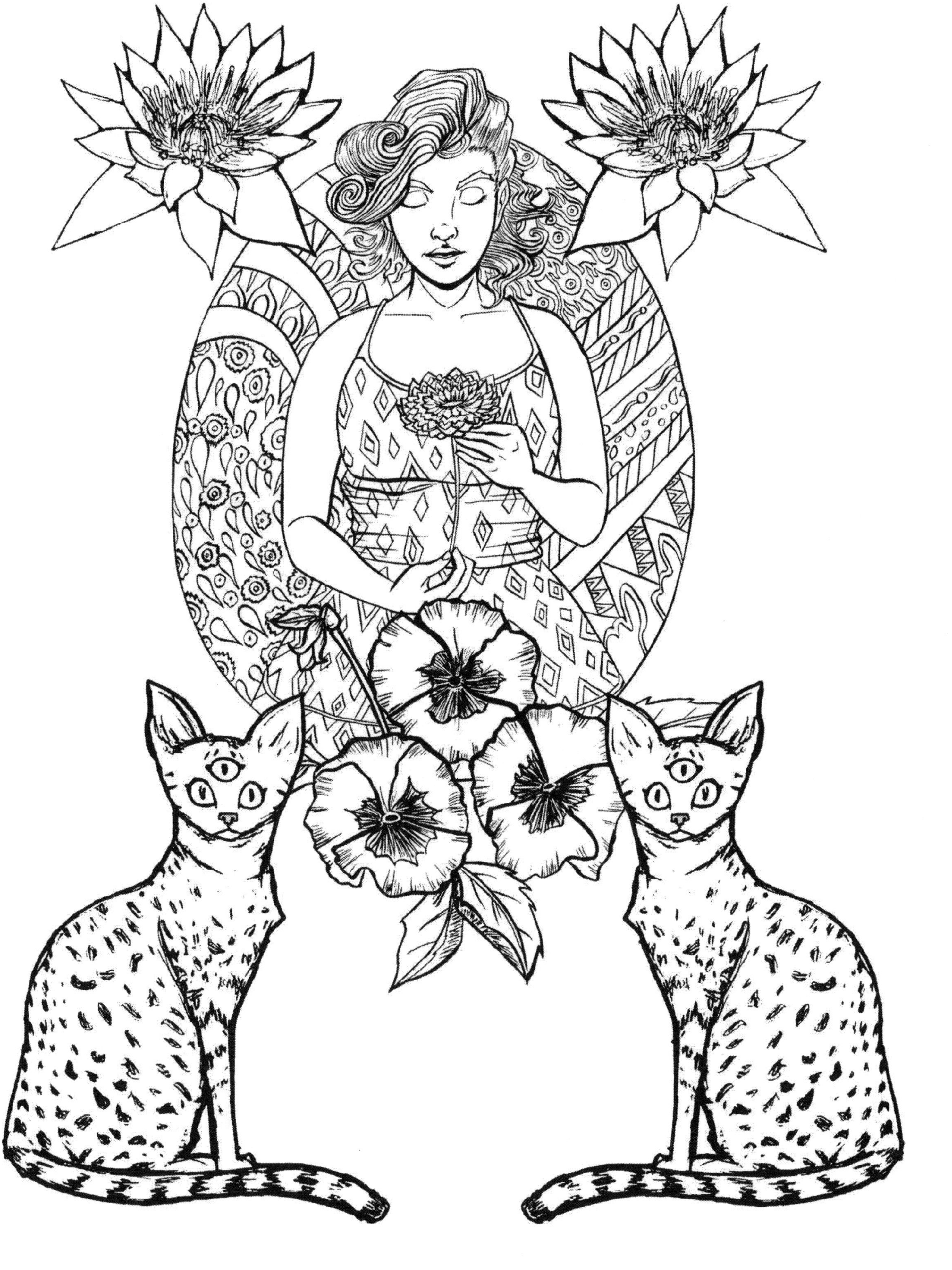

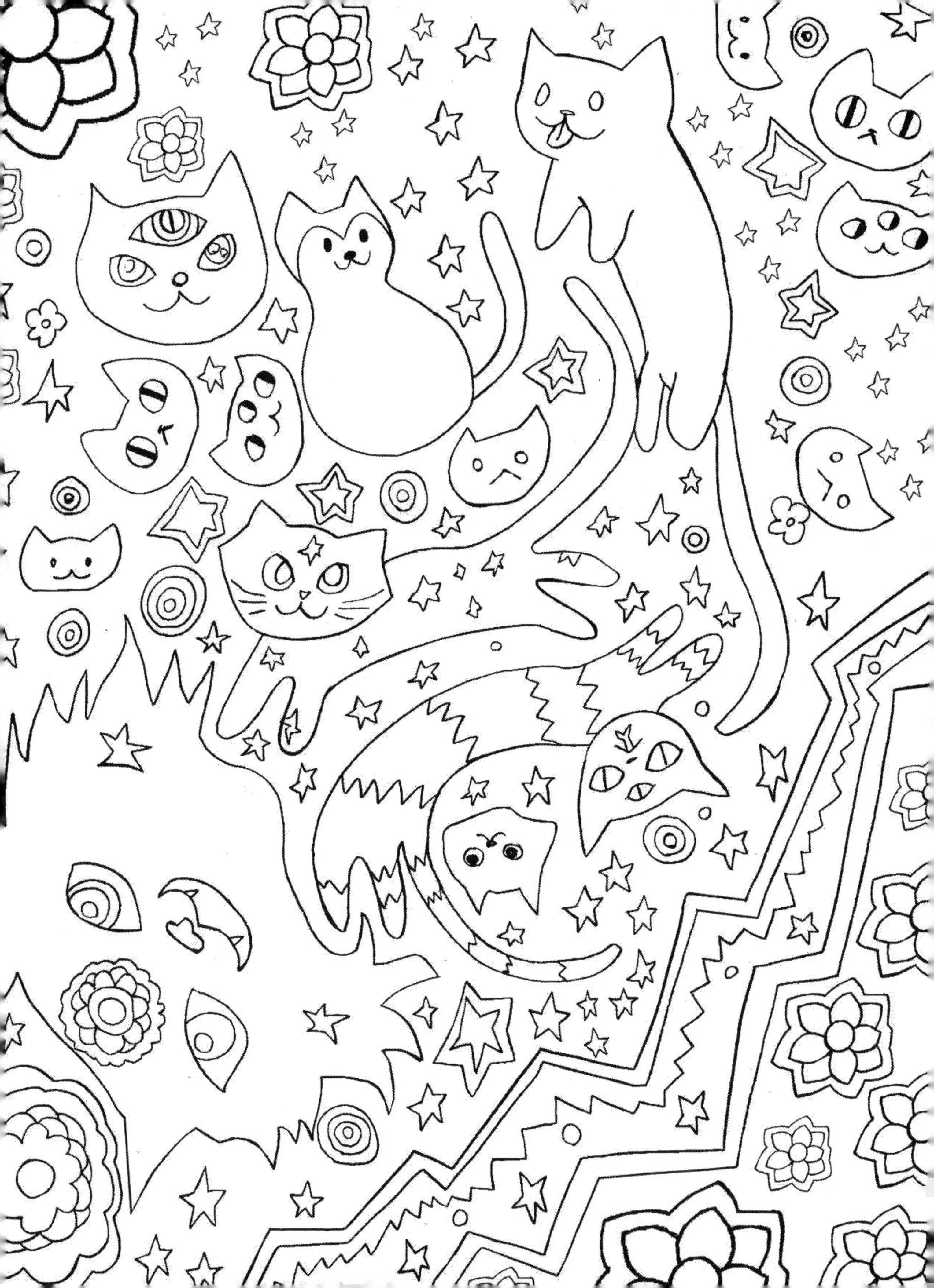

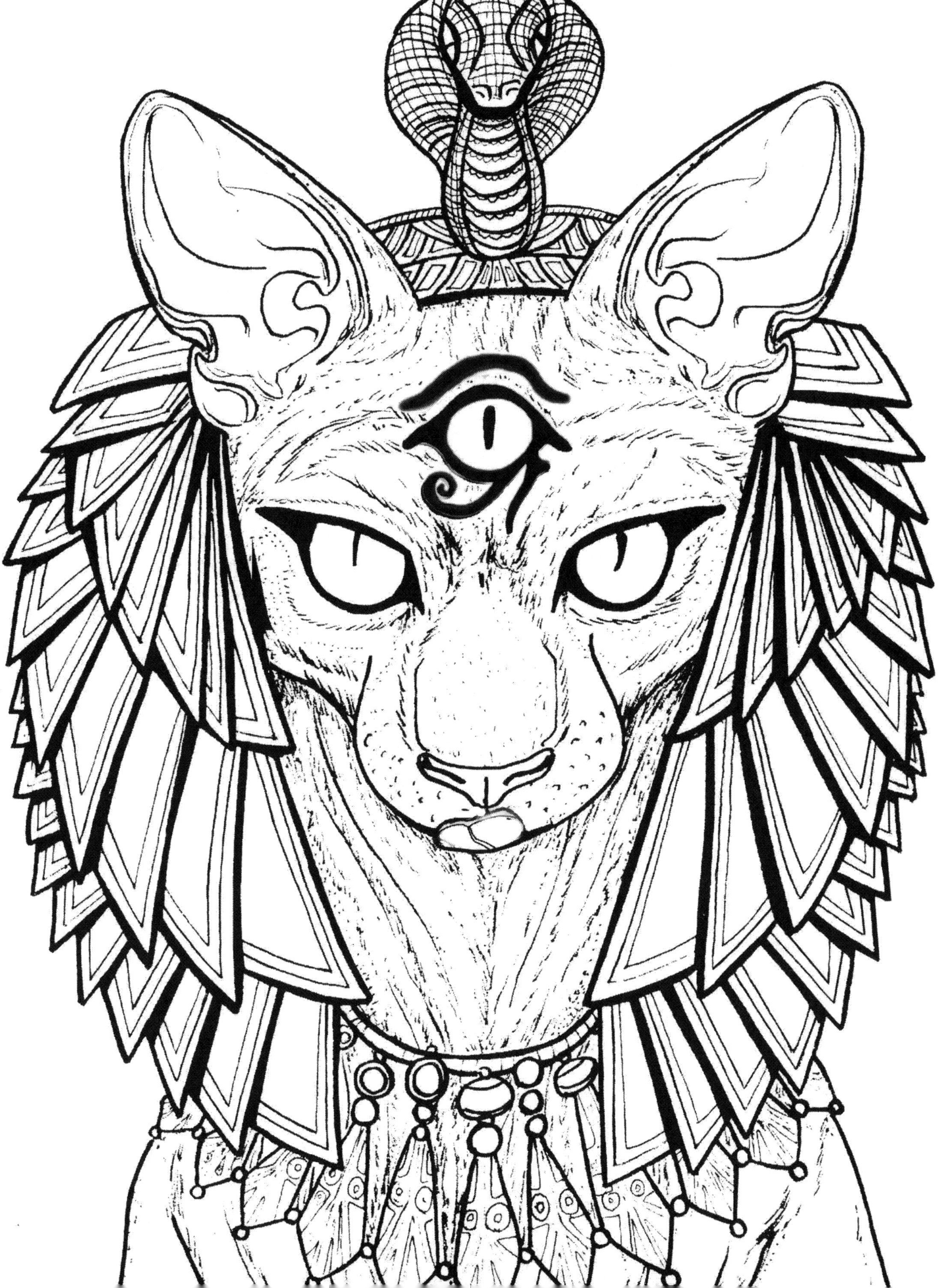

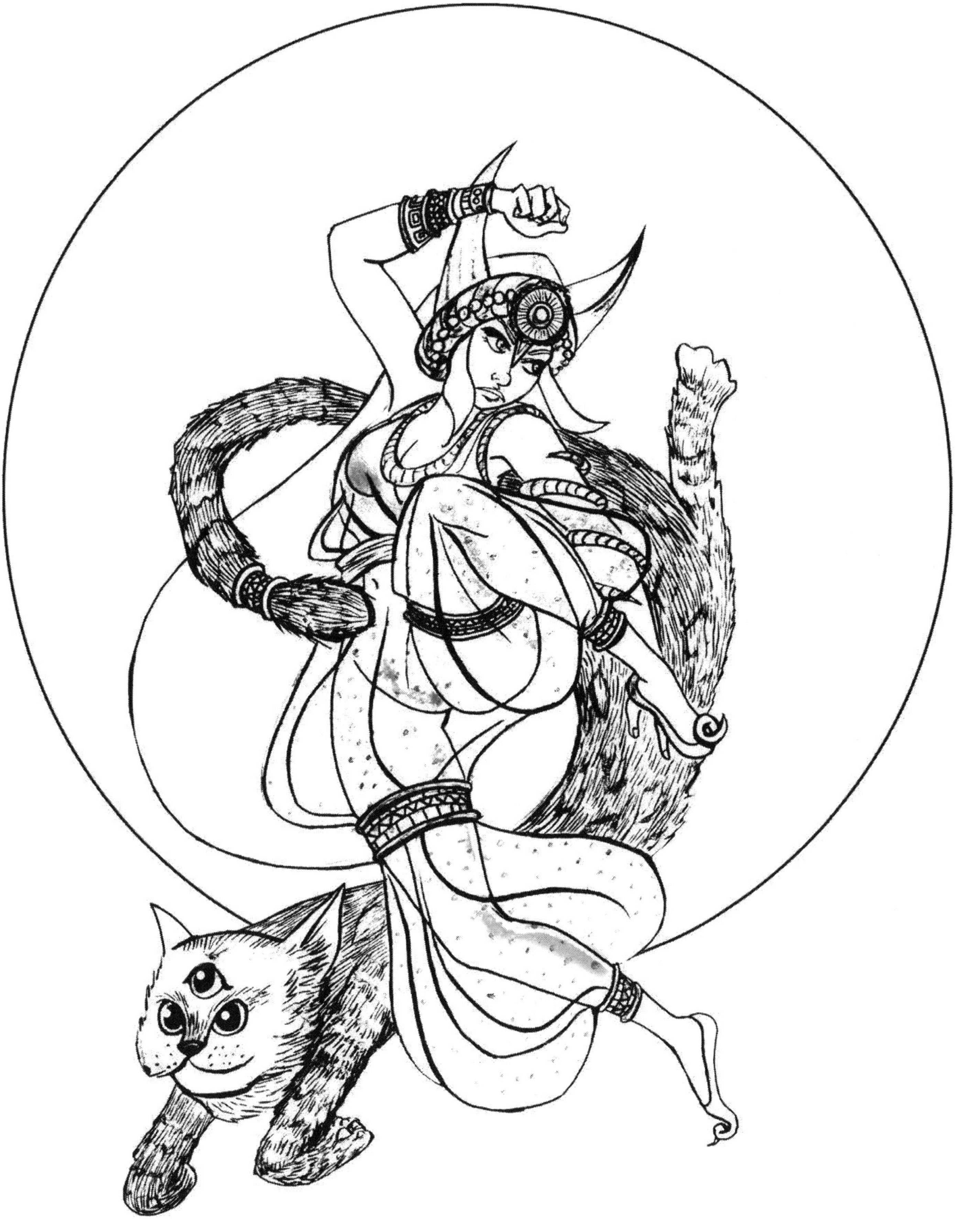

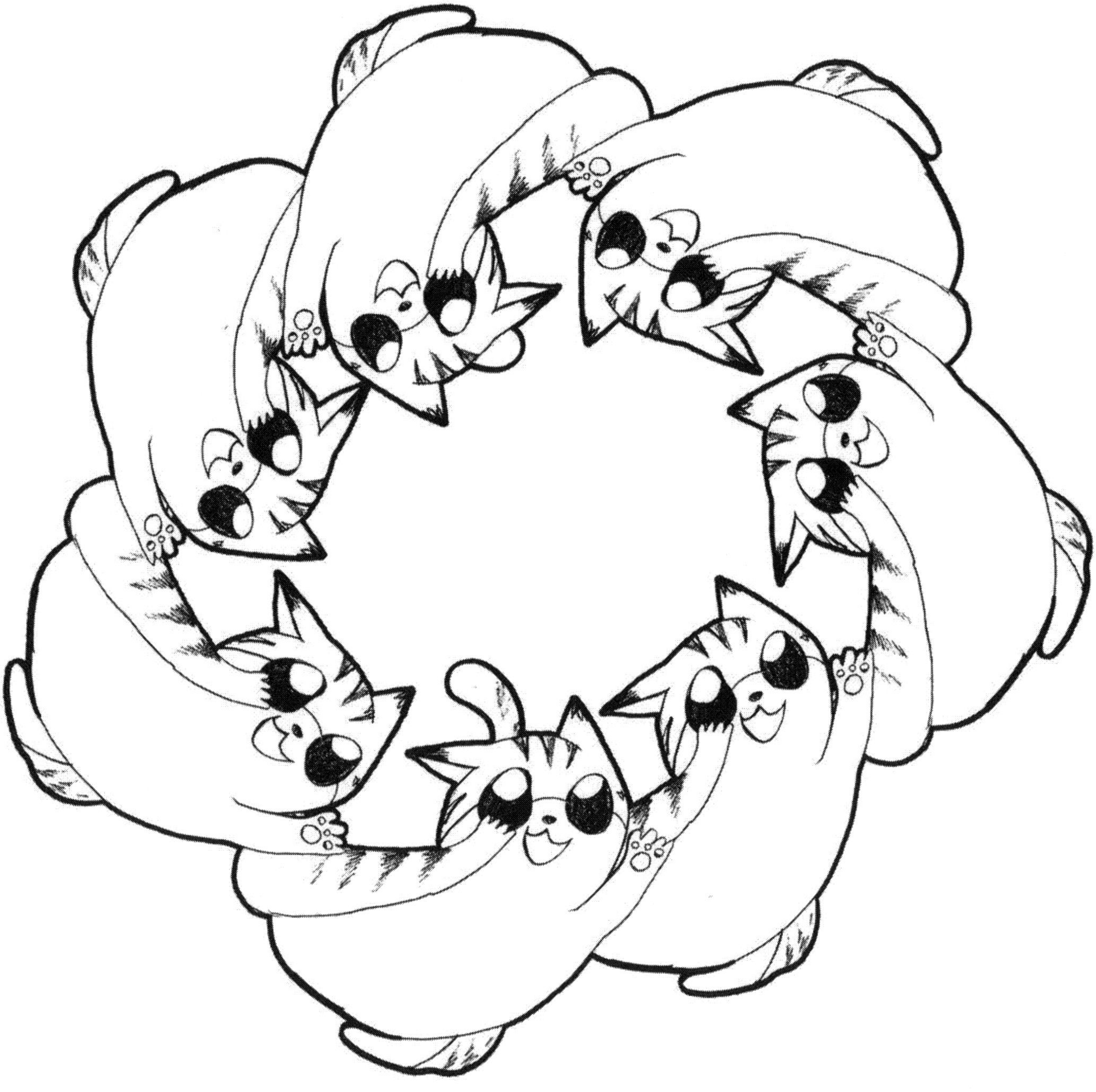

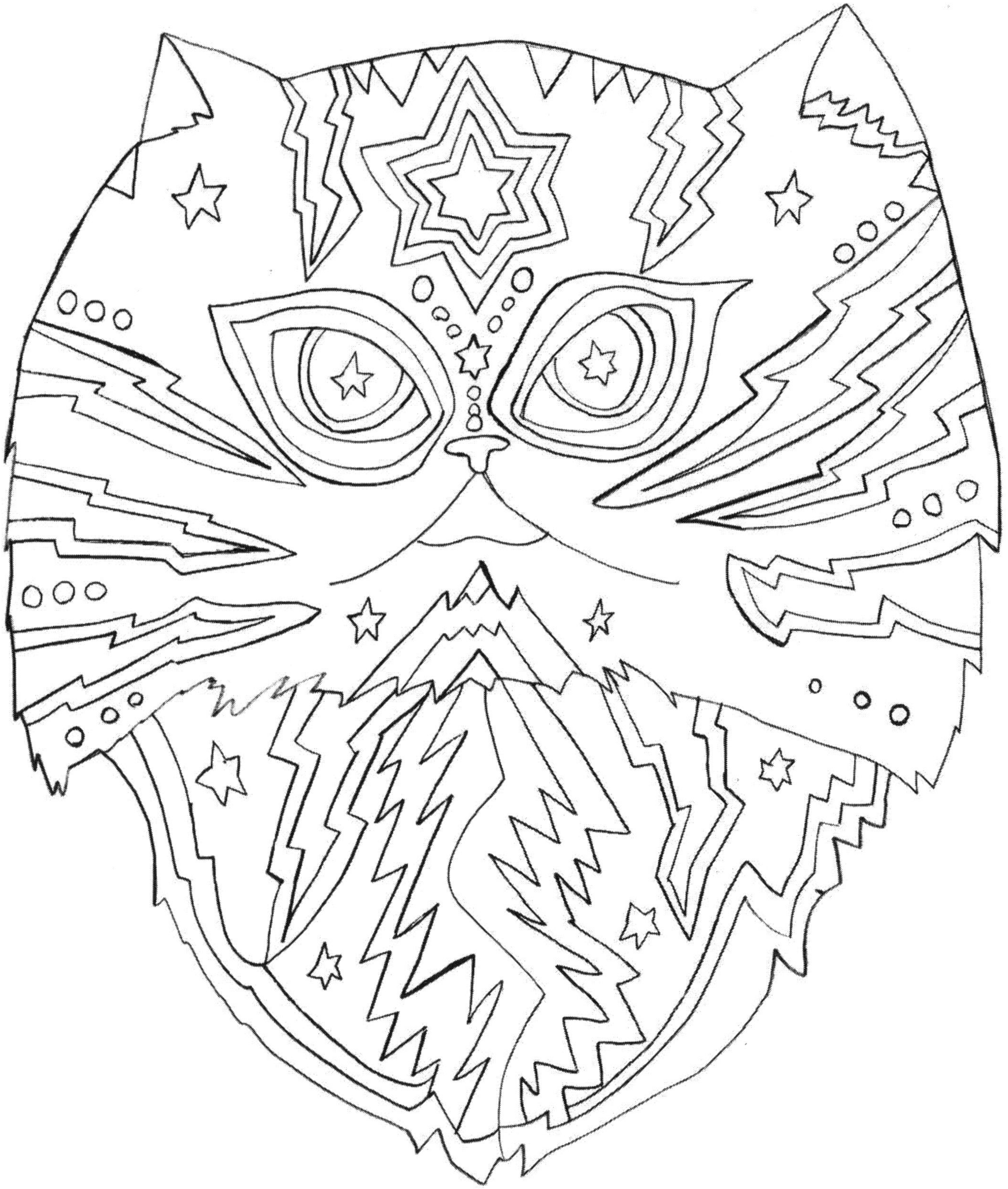

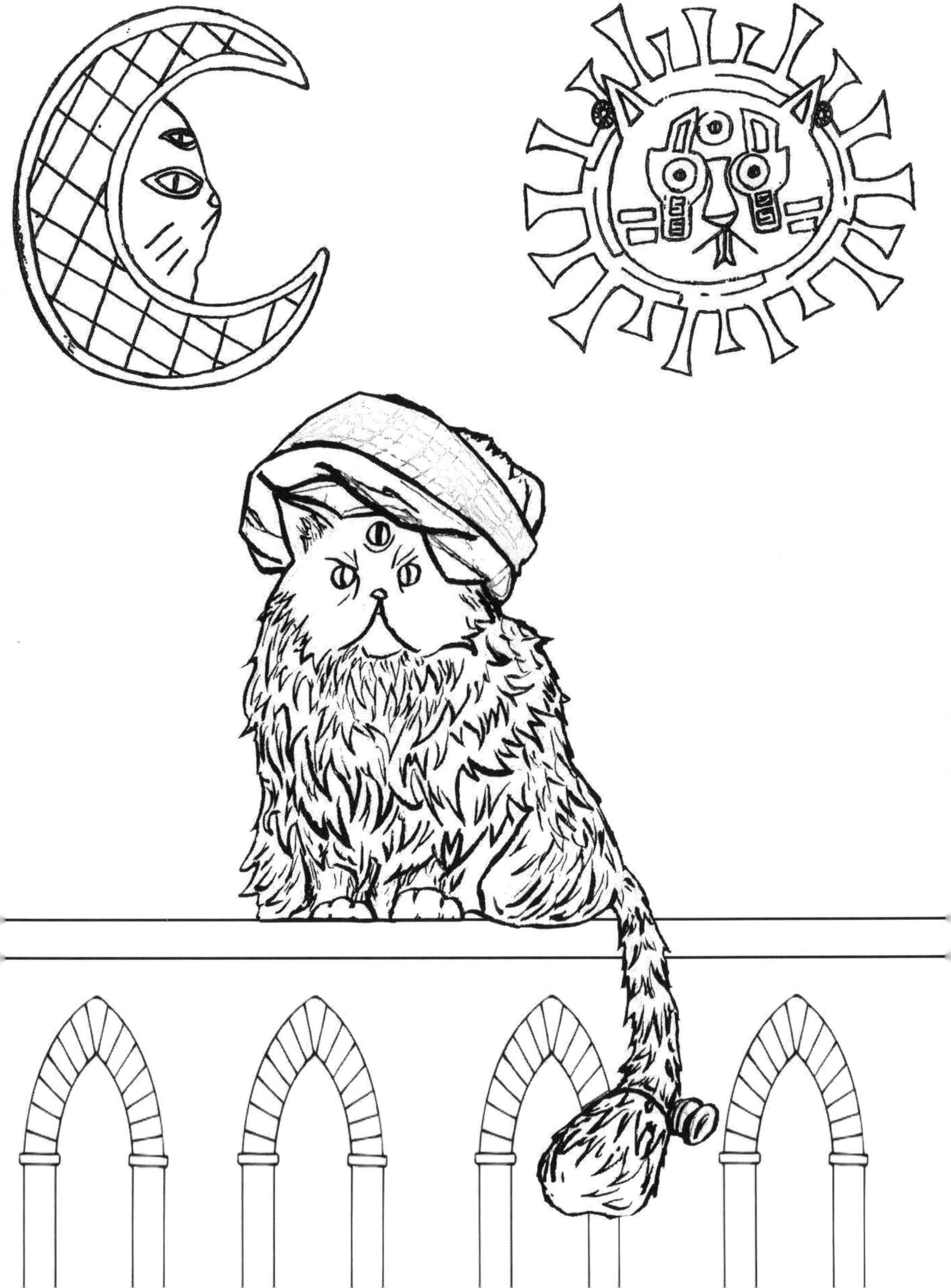

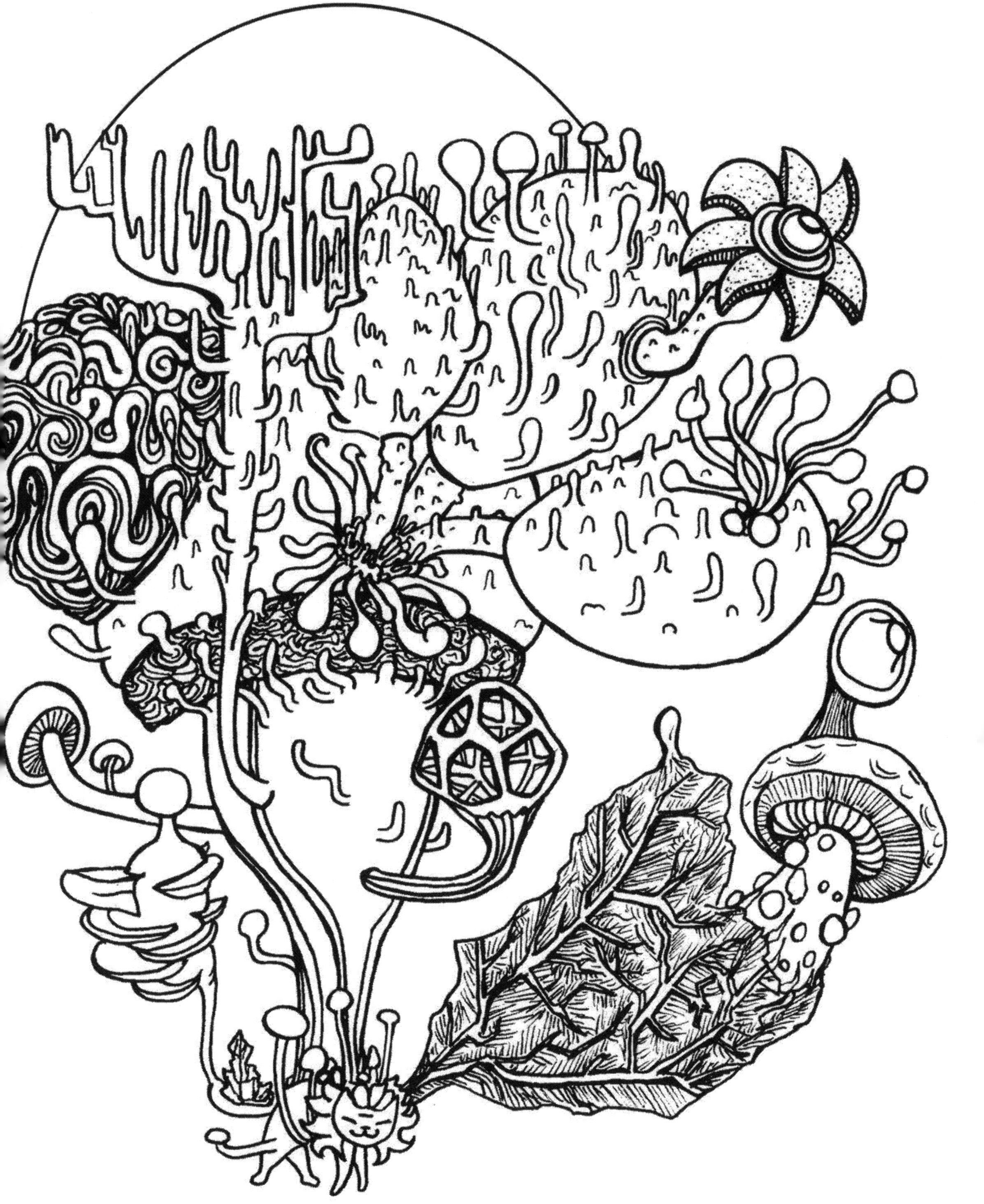

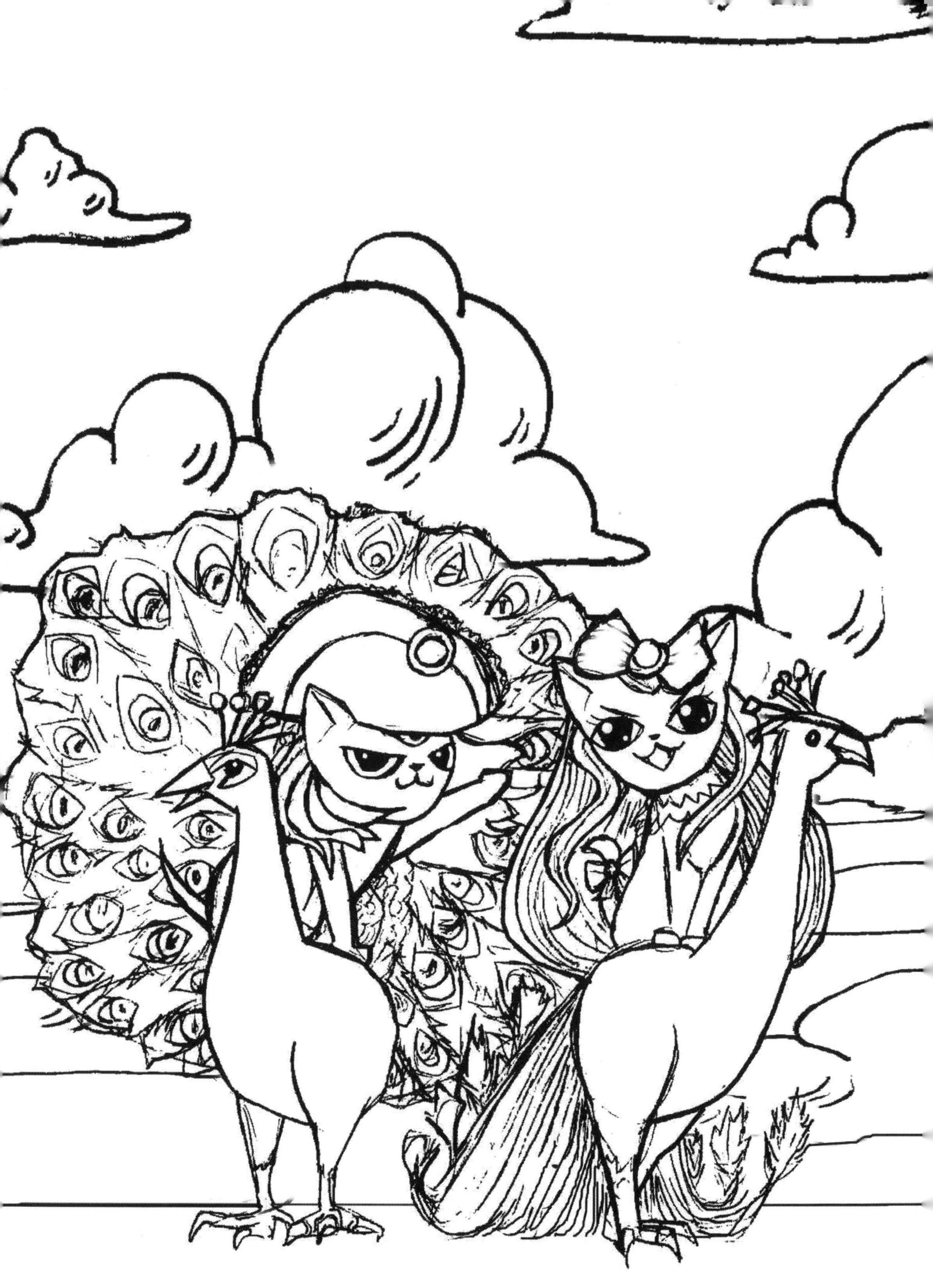

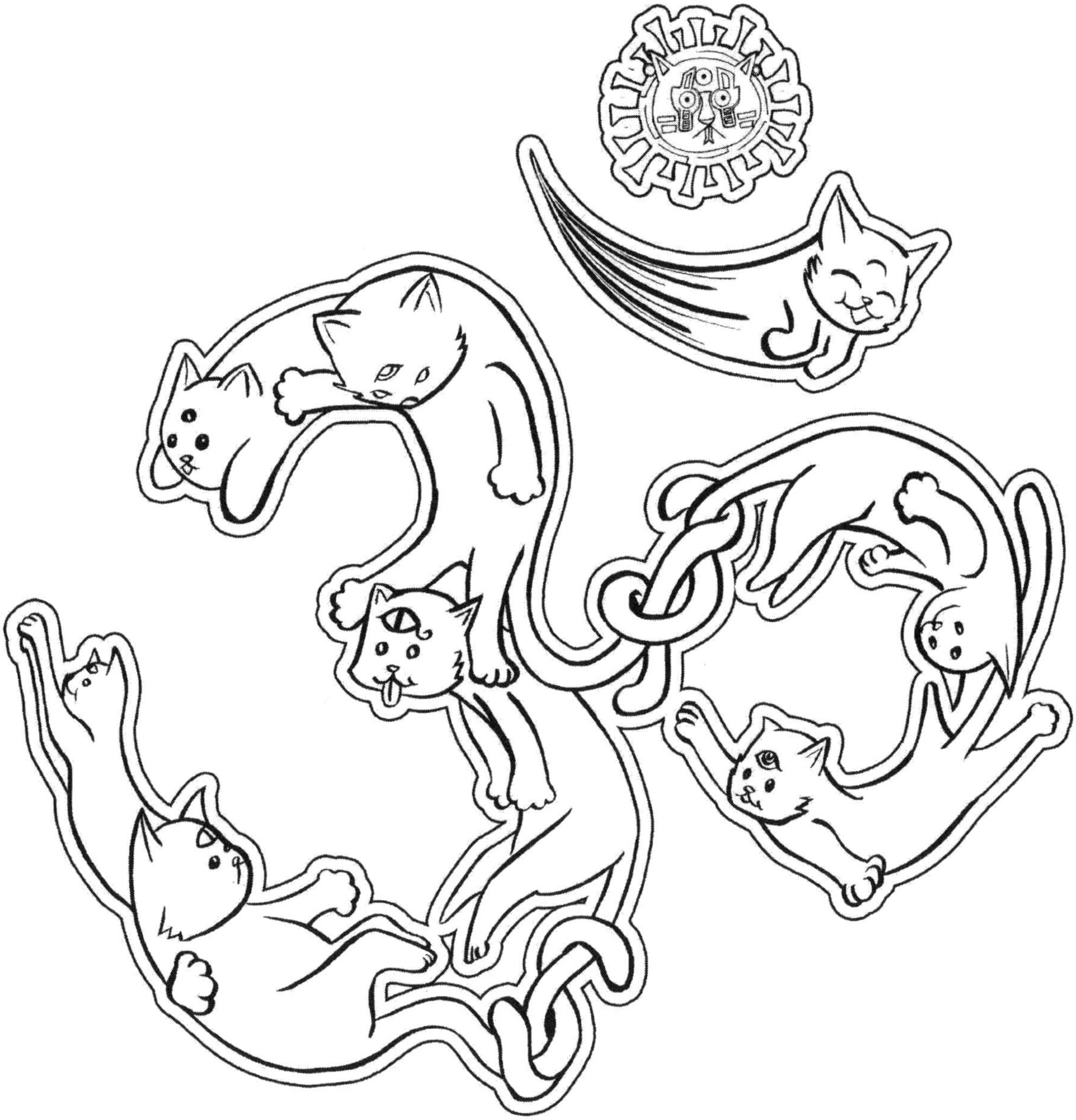

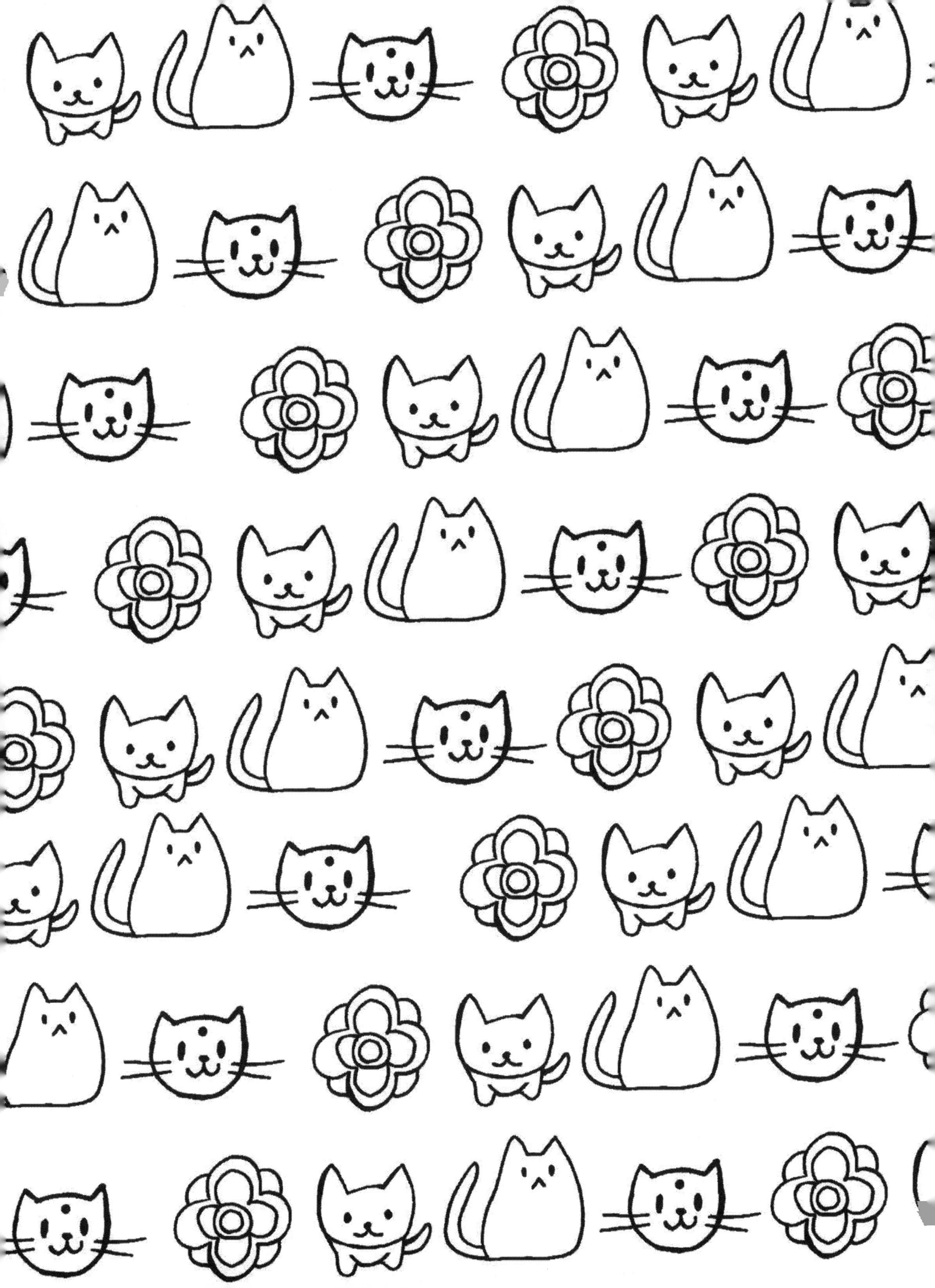

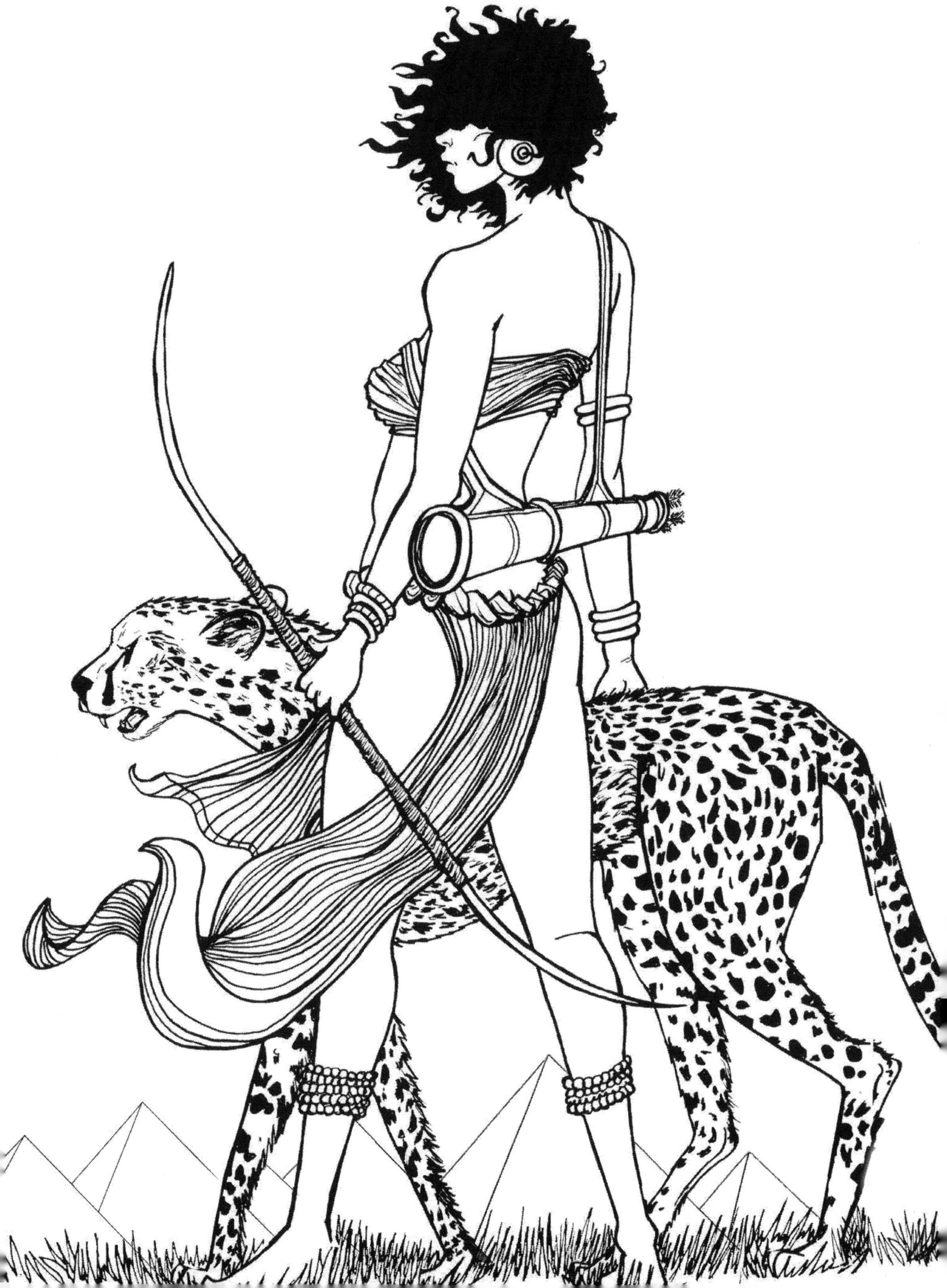

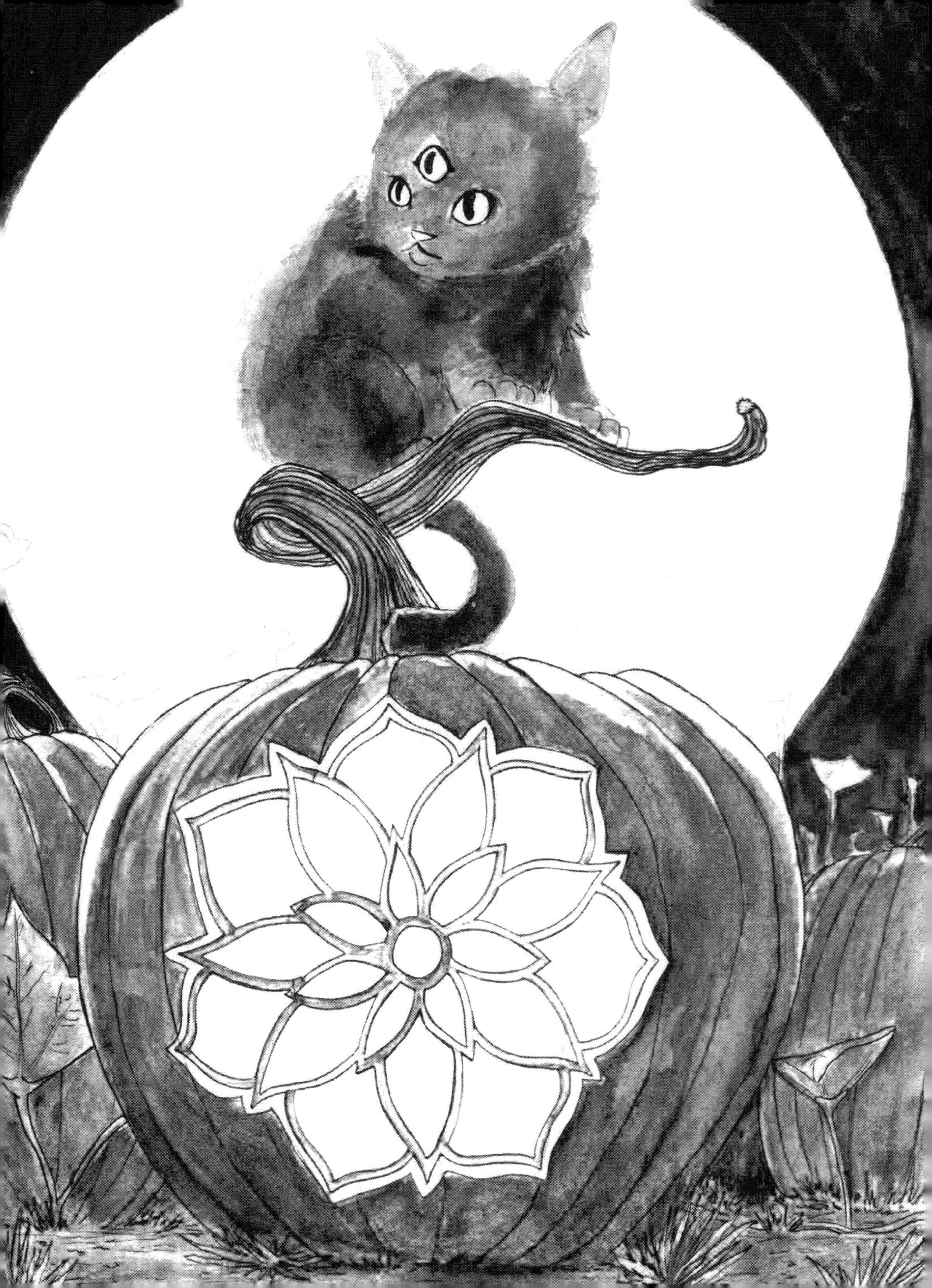

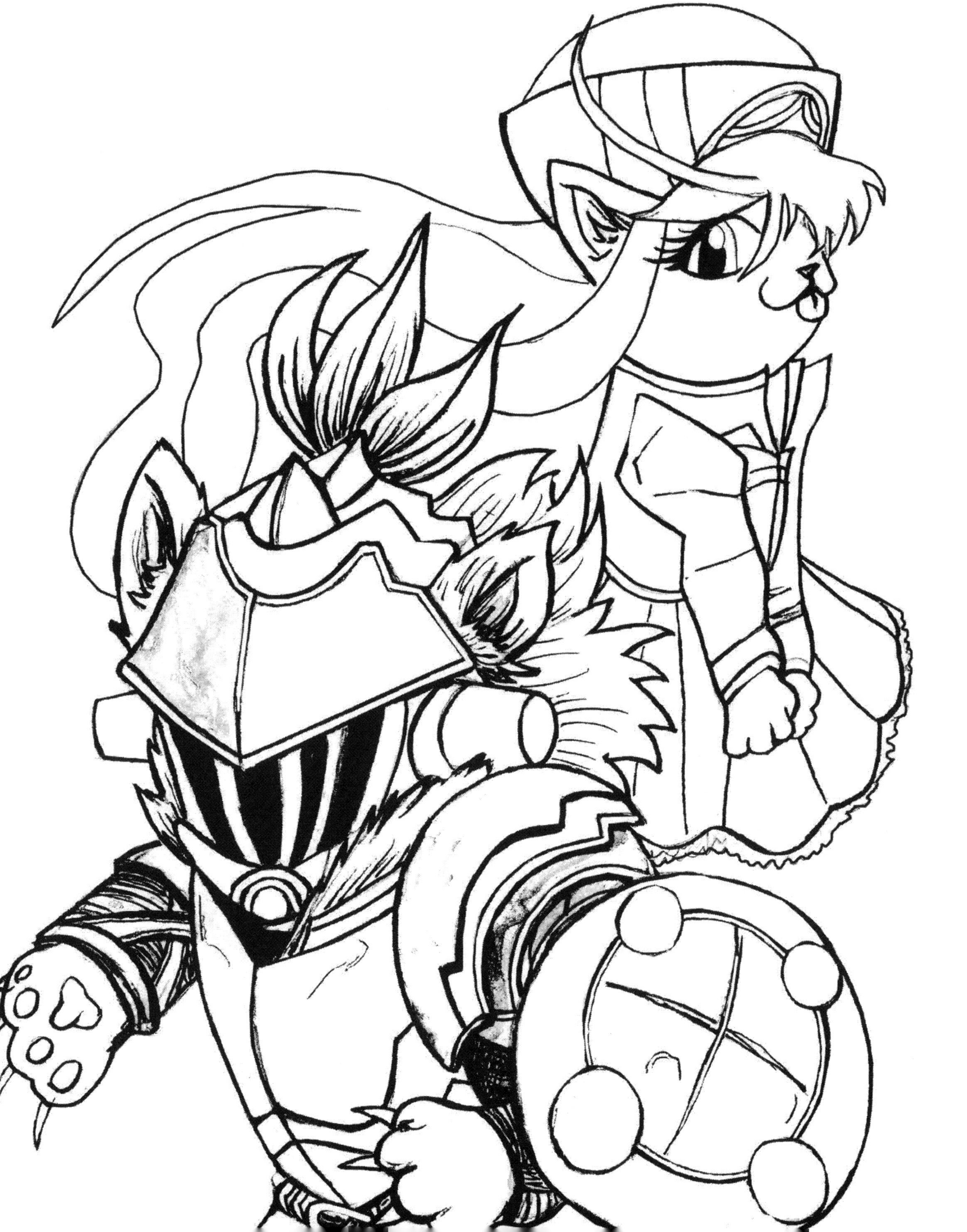

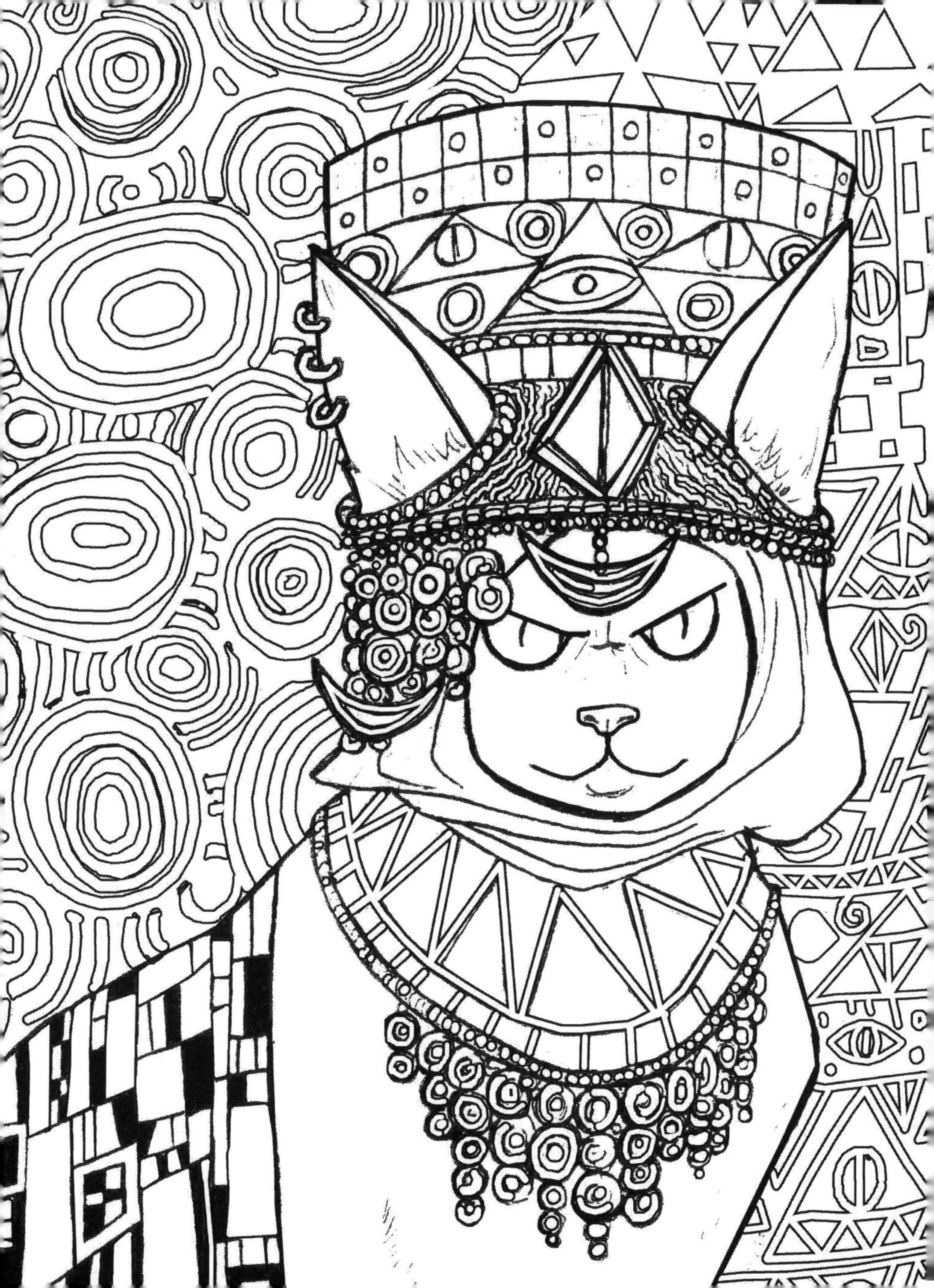

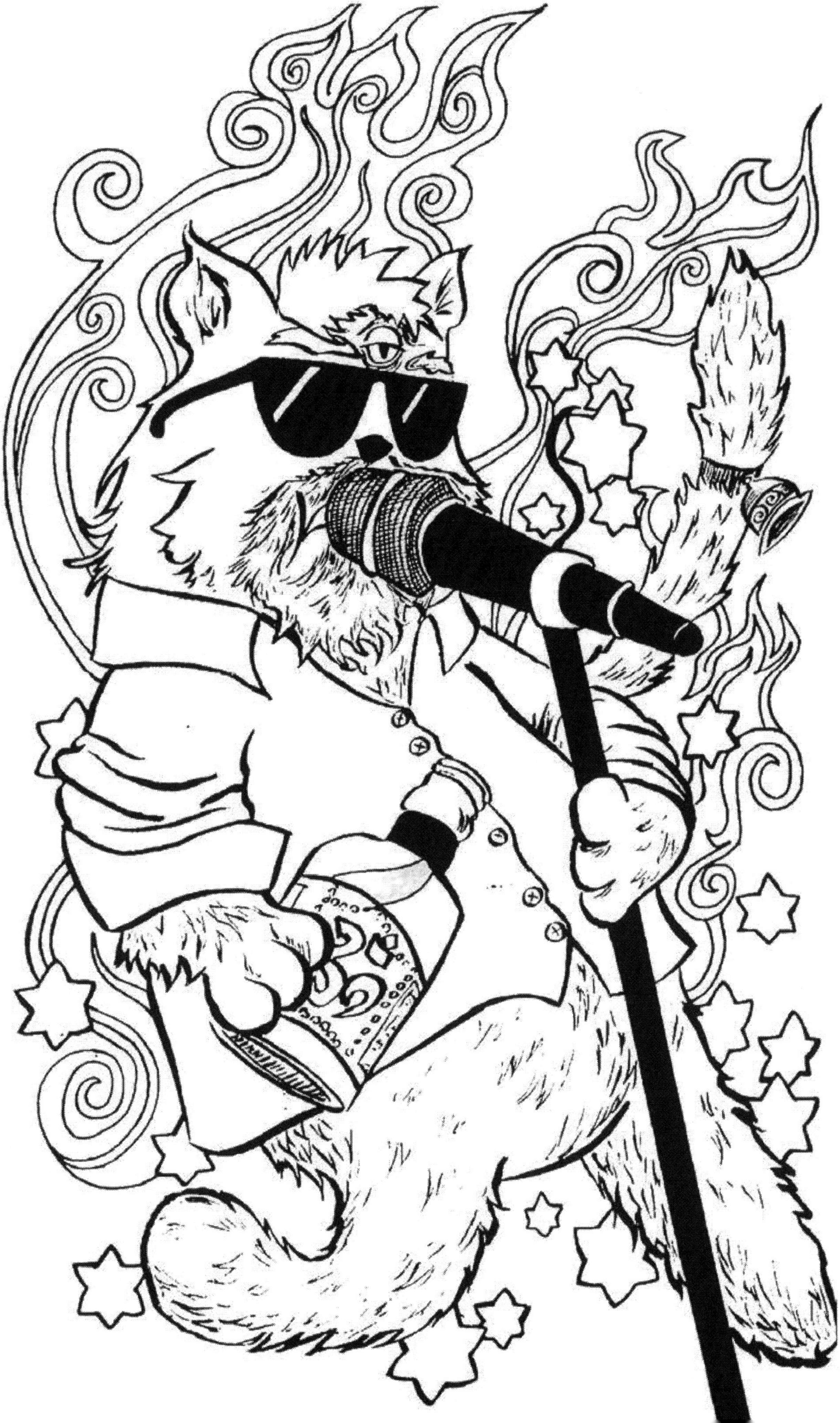

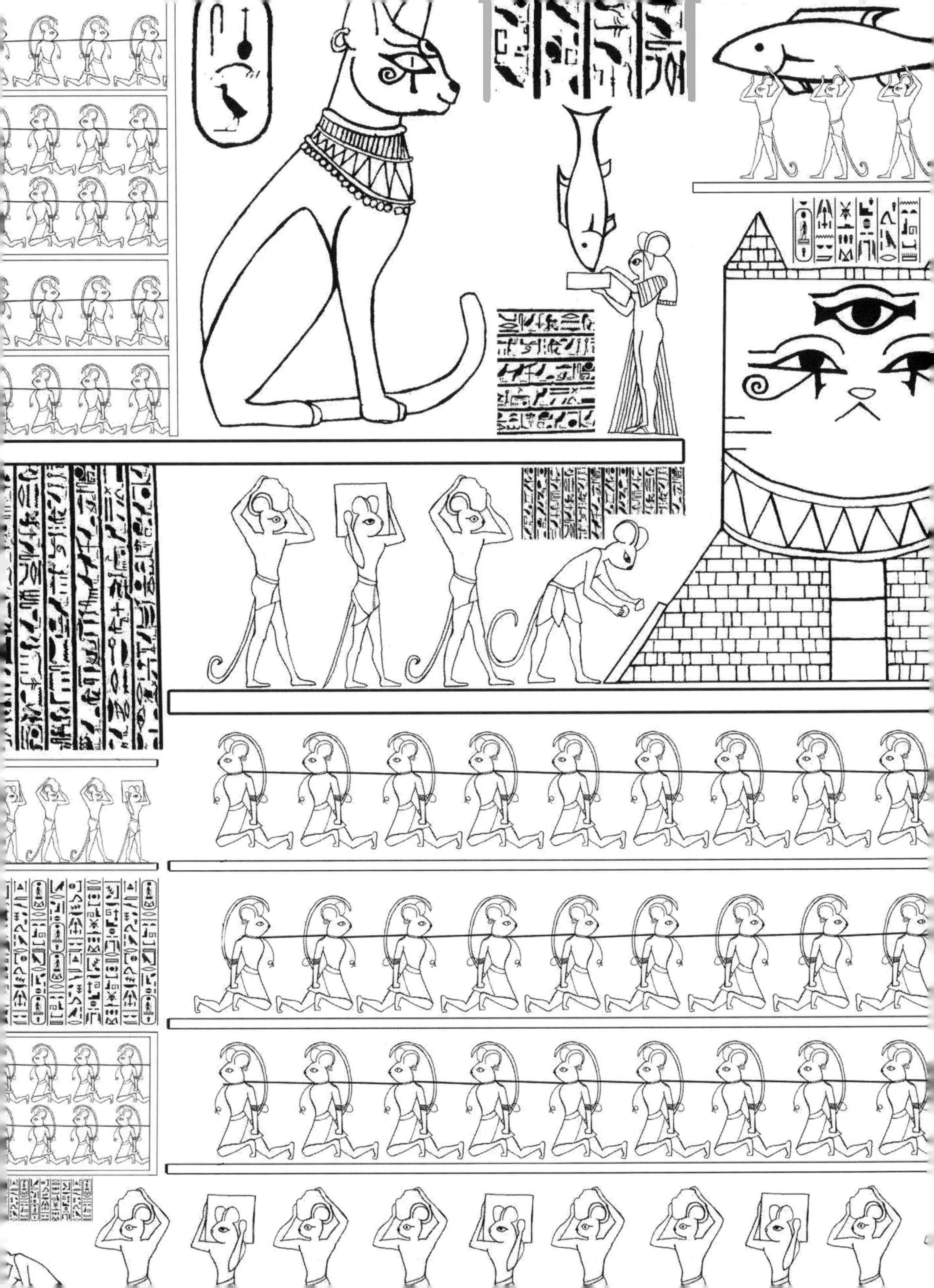

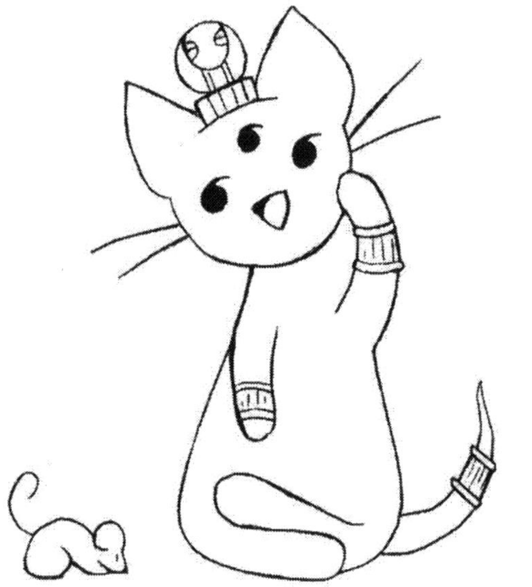

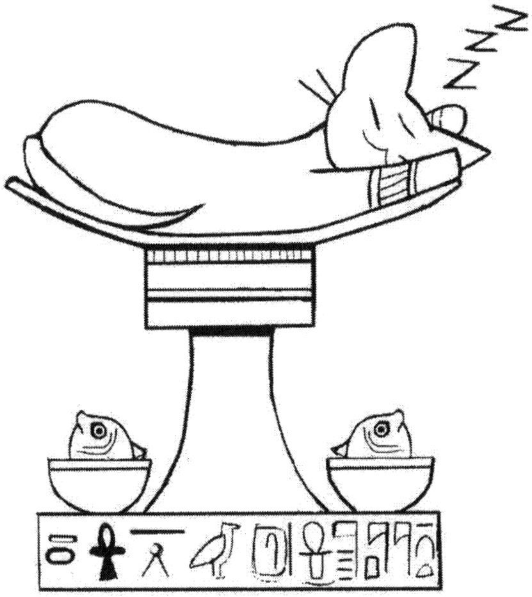
ZZZ

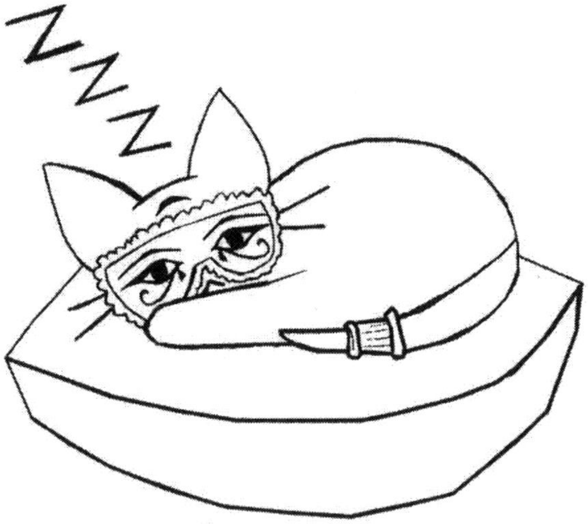
ZZZ

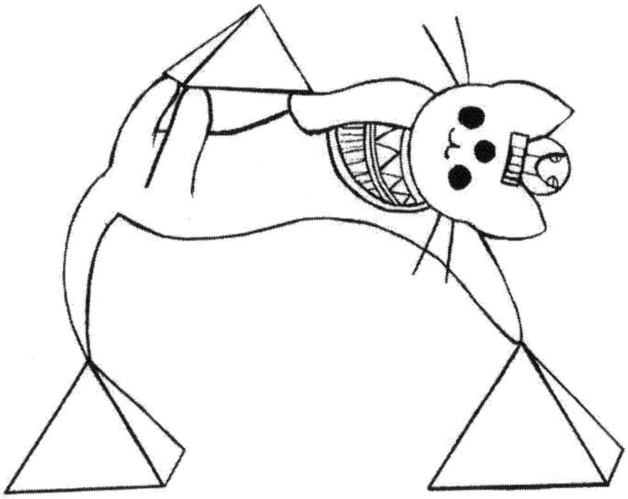

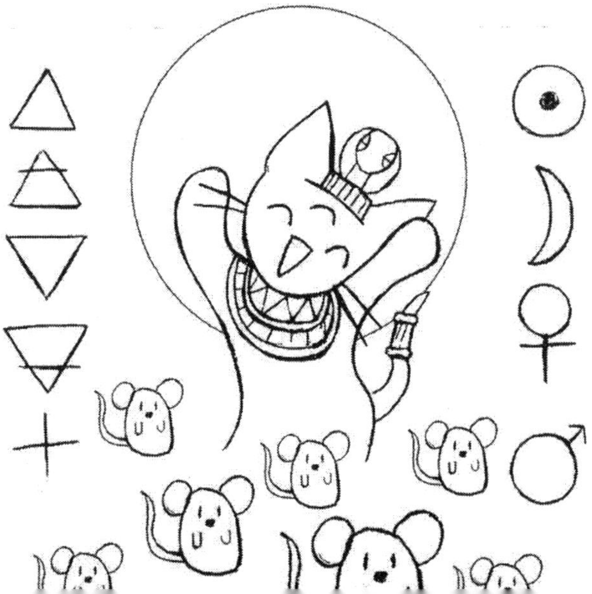

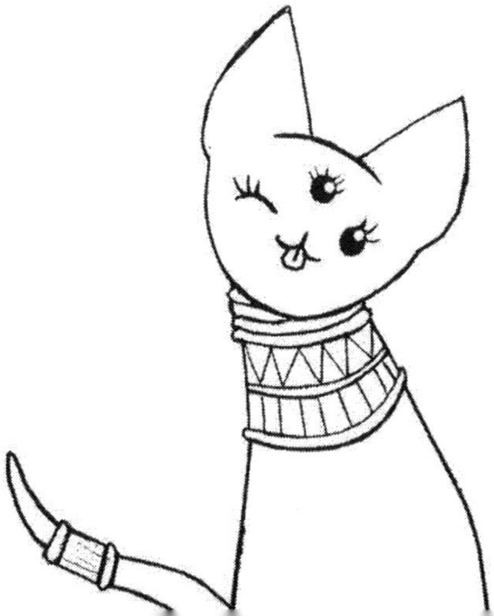

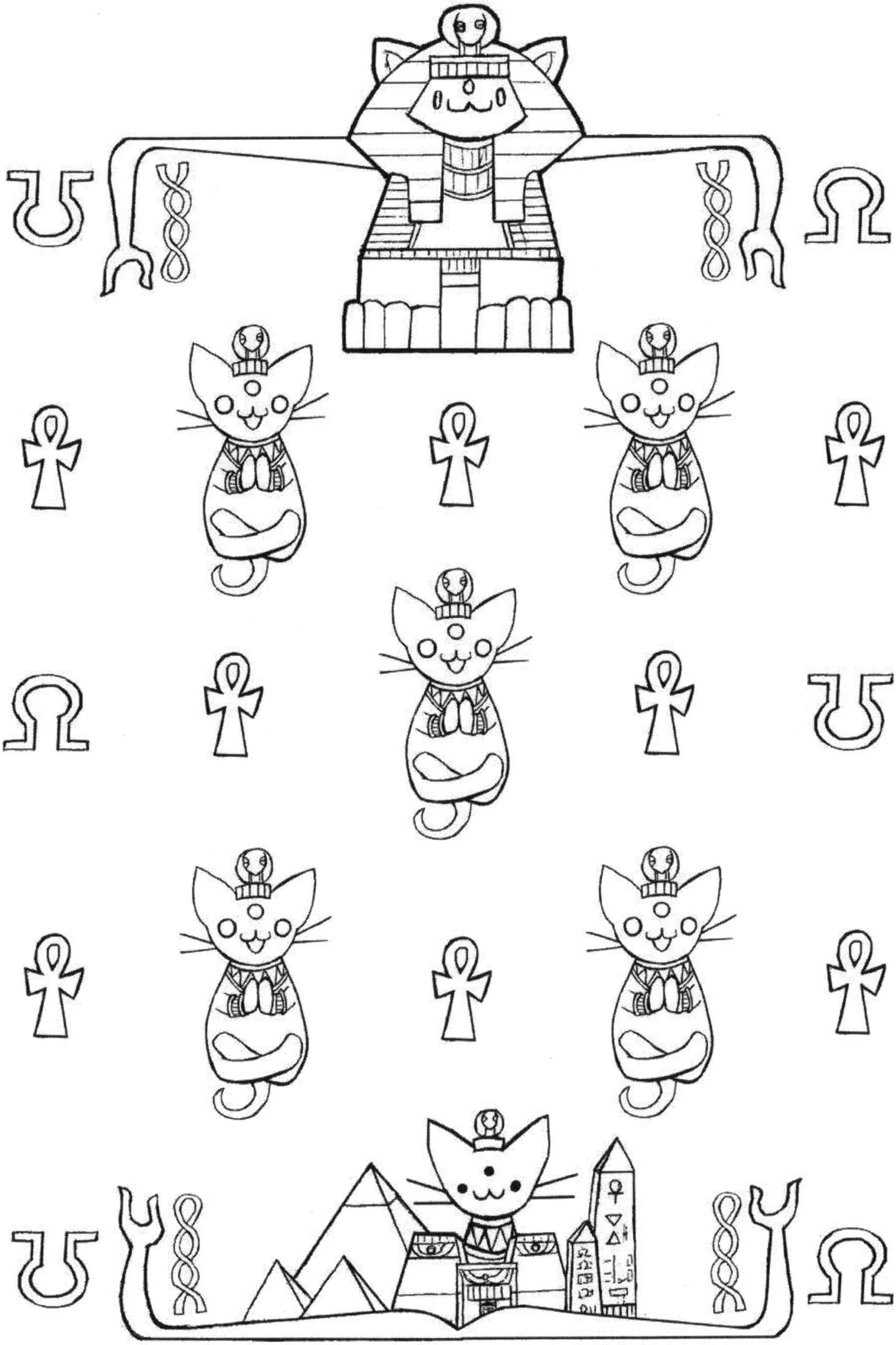

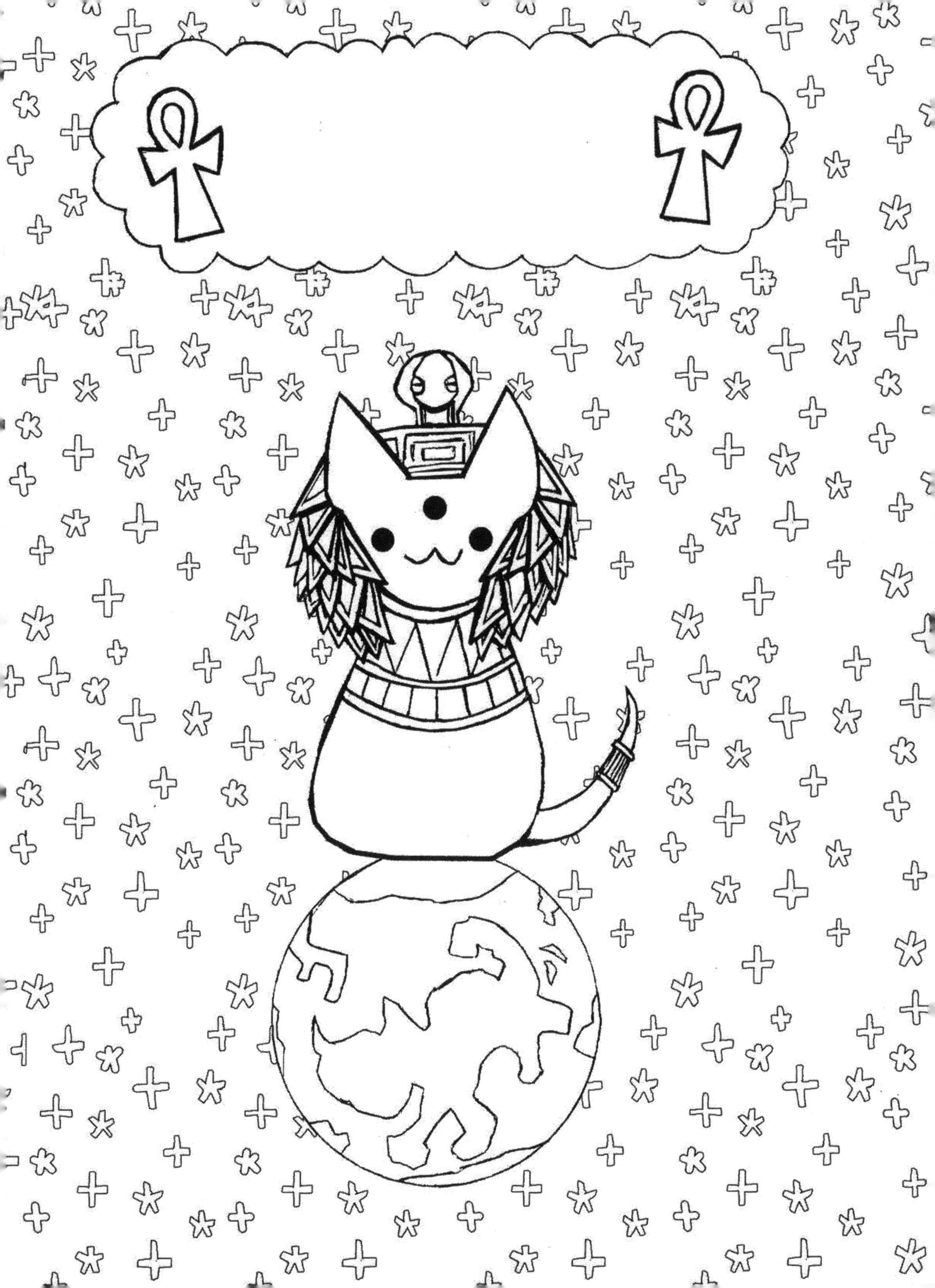

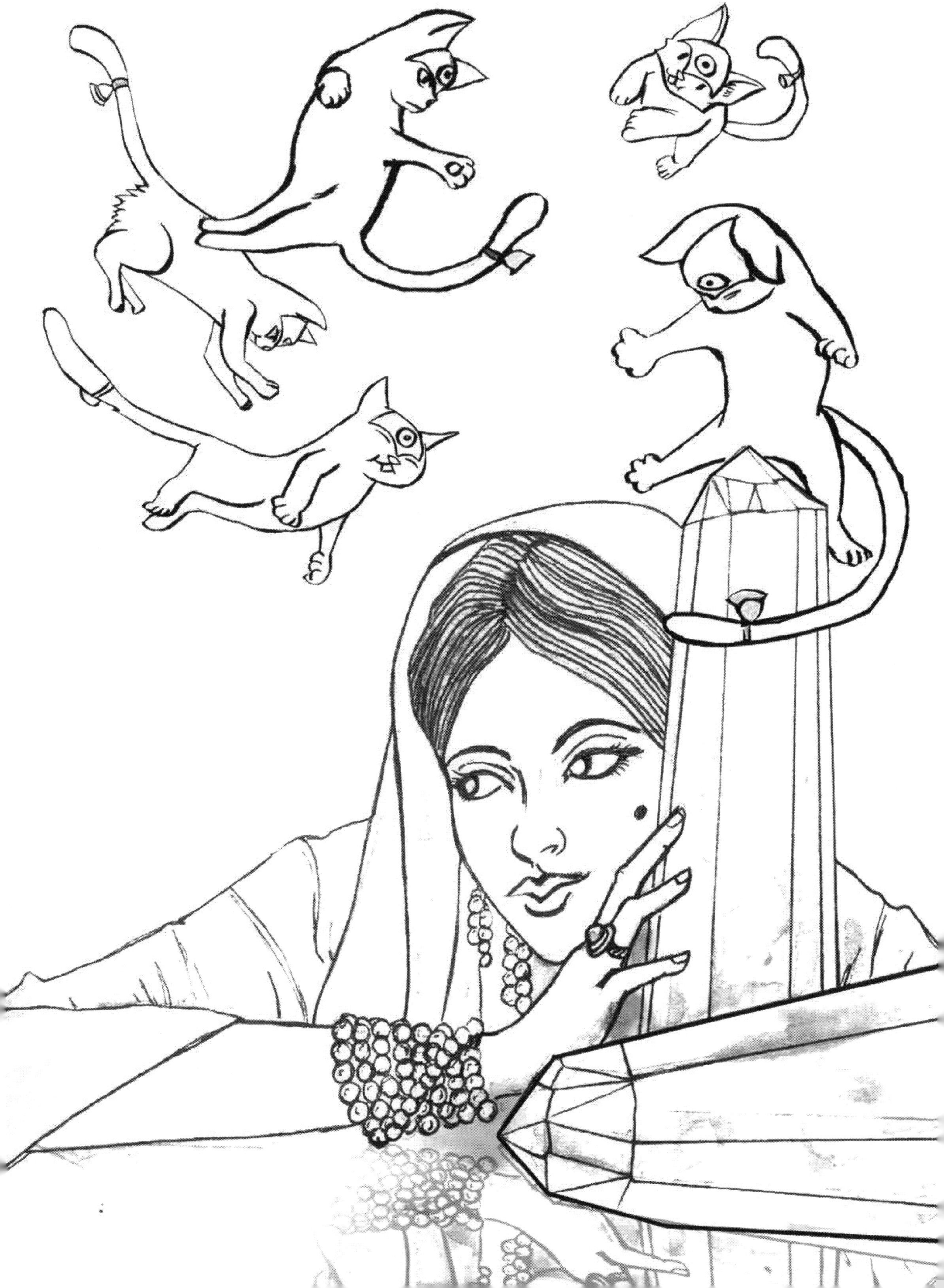